DARÍO LÓPEZ R.

LA POLÍTICA DEL ESPÍRITU

Espiritualidad, ética y política

La política del Espíritu
Espiritualidad, ética y política
© 2019 *Darío López Rodríguez*

© 2019 Centro de Investigaciones y Publicaciones (CENIP) – Ediciones Puma

Hecho el Depósito Legal en la Biblioteca Nacional del Perú N° 2019-08352
ISBN N° 978-612-4252-33-4

Primera edición, julio de 2019
Categoría: Religión - Teología - Ética

Editado por:
© 2019 Centro de Investigaciones y Publicaciones (CENIP) – Ediciones Puma
Av. 28 de Julio 314, Int. G, Jesús María, Lima
Telf./Fax: (511) 423–2772
Apartado postal: 11-168, Lima - Perú
E-mail: administracion@edicionespuma.org
            ventas@edicionespuma.org
Web: www.edicionespuma.org
Ediciones Puma es un programa del Centro de Investigaciones y Publicaciones (CENIP)

Diseño de carátula: Eliézer Castillo
Fotografía de carátula: Edwin Franken
Diagramación: Hansel James Huaynate Ventocilla

A Janice y Ricardo Waldrop,
misioneros del Dios de la vida
en la patria grande: América
Latina.

Contenido

Prólogo 9

Introducción 17

Capítulo 1. ¿De Nazaret puede salir algo de bueno?. 21
• Introducción 21
• Los despreciados galileos 22
• Desde la periferia del mundo 24
• La opción galilea de Jesús 27
• Los desafíos permanentes 29

Capítulo 2. ¡Hoy se ha cumplido esta Escritura…! 31
• Introducción 31
• La declaración mesiánica de Jesús 31
• Para seguir pensando. 36

Capítulo 3. ¿Creyentes y ciudadanos? 37
• Introducción 37
• El pentecostalismo en la región andina 40
• Para seguir pensando. 49
• Mirando el futuro. 52

Capítulo 4. Cristo sana… ¡aquí y ahora! 55
• Introducción 55
• La sanidad divina en perspectiva bíblica 58
• El contexto de misión 65
• Palabras finales 70

Capítulo 5. Interculturalidad y misión cristiana 71
• Introducción 71
• El desafío de la interculturalidad 72
• Lucas y la interculturalidad. 73
• Conclusión 83

Capítulo 6. La ciudad y nosotros 85
• Introducción 85
• Luces y sombras de las grandes urbes. 86
• La presencia evangélica en las grandes urbes. 88
• Las tareas colectivas pendientes 94

Capítulo 7. La masculinidad de Jesús 99

Capítulo 8. Pentecostales, teología y academia 103

Capítulo 9.   Pentecostalismo y espacio público 107
  • Introducción 107
  • La vida en el Espíritu 108
  • La herencia pentecostal 109
  • Una nueva realidad 111
  • Las lecturas y las prácticas políticas 115
  • Los antecedentes bíblicos 117
  • Los criterios mínimos 120
  • Un programa mínimo 122
  • Palabras finales 124

Capítulo 10. La política del Espíritu 127
  • Introducción 127
  • La sociedad patriarcal 129
  • Una nueva sociedad 131
  • La *ekklesia* en la *polis* 140
  • Palabras finales 143

Capítulo 11. ¡Herederos de la Reforma Radical! 145

Bibliografía 153

Prólogo

Para conocer a un escritor no es necesario verlo personalmente. En realidad, incluso aquellos que viven junto a él, no necesariamente lo conocen. Los lectores del escritor lo conocen mejor. Quizá no lo conozcan en persona, pero conocen sus ideas, sus perspectivas, sus argumentos y sus propuestas. Partiendo desde ese punto de vista, puedo decir que «conozco» a Darío López. Hace diez años, cuando impartía una serie de conferencias entre Iquitos y Lima, en el Perú, en una de mis visitas a una librería, descubrí un sugestivo título: *Pentecostalismo y misión integral*. La propuesta innovadora procedía de la pluma de Darío López. Menciono solamente esta obra por ser la primera que he leído.

En aquel tiempo, me urgía producir un texto relacionado a la misión integral y, francamente, no sabía bien cómo el pentecostalismo podría acomodarse teológicamente a esta propuesta. Me pareció curioso —desde el pensamiento del ascetismo dispensacionalista, según el cual el mundo «evoluciona» hacia un colapso inevitable— cómo podría yo elaborar una reflexión teológica acerca de la responsabilidad humana respecto a la tierra, nuestra «casa común». En la obra de Darío encontré las rutas y vislumbré los puntos de convergencia entre la teología pentecostal y la teología de la misión integral. Siendo justo y, a la verdad sin ninguna actitud de triunfalismo, es necesario reconocer que el pentecostalismo, de forma concreta, cumple ya un papel pertinente en esta tarea. Sin embargo, muchas veces dicha contribución se presenta como una estrategia de evangelismo y no con la motivación diaconal correcta.

Inicialmente, el título de este libro puede parecer extraño, pero tan pronto que empezamos a leer su contenido, percibimos que la propuesta no es del autor, sino del propio Espíritu Santo. La «política del Espíritu» representa mucho más que la propuesta de Simone Weil, cuyo deseo fue la extinción de los partidos políticos, pues todos sin excepción son inútiles y están al servicio de algún interés en particular, muchas veces turbio. Sin embargo, a pesar del título, con extraordinaria e inusual capacidad, el autor expone magistralmente sobre esa ciencia, relacionándola con la teología y analizándola a partir del *ethos* pentecostal. Él va más allá demostrando que el Espíritu tiene una «política», en el sentido pleno de la palabra, y que contempla, indistintamente, a todo y a todos, pues conforme enseña Darío, «la política tiene que ver con legislar para el bien común, el buen gobierno, la justicia social, con compartir el poder y la educación para incursionar en el espacio público». En otras palabras, no debemos confundir esta política con la imposición particular de los valores de un determinado grupo sobre el resto de la comunidad.

Darío, que es escritor pentecostal, hace teología a partir de su práctica latinoamericana. Esto no le ha impedido buscar los conocimientos académicos para contribuir epistemológicamente al pentecostalismo. Tal contribución es más que bienvenida, puesto que el contingente numérico de esa expresión de fe cristiana, sobre todo en América Latina, es actualmente objeto de estudio por varias disciplinas científicas. Ocurre, por eso, que el crecimiento exponencial de este grupo plantea preguntas acerca de su pertinencia para una sociedad injusta, en donde la desigualdad social llega a niveles intolerables. El movimiento pentecostal ocupa diversos sectores y clases, con todo, está más presente en las clases C y D de la pirámide social.

A pesar de ello, justamente por su fuerza demográfica, el pentecostalismo tiene deberes aún mayores respecto a la transformación de la realidad. El énfasis pentecostal —y protestante en su conjunto— acerca del «pecado personal» y, el mayor de todos, el «pecado social», lamentablemente llevó al movimiento a ignorar el «pecado estructural». Tal desconocimiento hizo que el propio pentecostalismo cayera víctima, dado que, en nuestra América Latina, conforme ya fue dicho, la membresía pentecostal se concentra justamente en los sectores más pobres de la sociedad. En esta excelente obra «*La política del Espíritu*» el autor muestra, en base a los documentos de la narrativa lucana (el Evangelio que lleva su nombre en Hechos) que las curaciones realizadas por el Señor, por ejemplo, significaban que, más allá «de experimentar el poder liberador del Dios de la vida, los frágiles de la sociedad se integran a la nueva sociedad que Dios está forjando en Jesucristo, una nueva sociedad cuya composición social es en sí una crítica frontal a la sociedad estamental de todos los tiempos».

Esto no podría ser distinto, puesto que, como se deduce, el pentecostalismo es heredero del movimiento profético veterotestamentario, siendo por eso mismo, una expresión de la fe que debe denunciar los atropellos e injusticias cometidos por los sistemas políticos y religiosos. Tales sistemas estructurales se presentan de la forma más «auténtica» posible, con la intención de hacer creer a la población que esa es la «realidad» y que no hay nada que se pueda hacer. Es necesario un movimiento que fomente la novedad del Espíritu y que se oponga a esta clase de absolutismo.

Como no podría dejar de ser, Darío lee las narrativas y busca los «puntos de contacto que parecen existir entre el pentecostalismo y la cosmovisión andina». Y así procede por una razón muy sencilla: hacer teología exige una dialéctica entre la exégesis del texto bíblico, la lectura de la realidad y, sólo después, la producción del discurso reflexivo que resulta del tal ejercicio, esto es, la teología. De esta forma, partiendo del cuádruple y clásico mensaje pentecostal —Jesucristo salva (y santifica), sana, bautiza en el Espíritu Santo y es Rey que pronto volverá—, el autor desarrolla las referidas marcas analizándolas de forma, no solo religiosa, es decir, verticalmente, sino también desdoblándolas de manera social, es decir, horizontalmente. Y así debe ser por el hecho de que, como afirma Darío, pasamos «de los desafíos del multiculturalismo a los desafíos de la interculturalidad». La innegable diversidad cultural no desaparece de esta perspectiva, pero para que haya coexistencia pacífica entre los diversos grupos, se requiere la integralidad y el respeto a la cultura del prójimo. Según el autor, las consecuencias teológicas de este descubrimiento consisten en que estamos en «un marco temporal en el que se afirma que se está pasando de una teología del pluralismo religioso a una teología pluralista». En otras palabras, es necesario superar una teología que se resume y se satisface en simplemente «constatar» que la realidad es plural, y avanzar en dirección a una teología que dialoga e integra. Por eso, el autor concluye que «específicamente, con respecto a sus creencias y práctica que parecen tener cierta sintonía con las creencias y las prácticas de los pueblos andinos, los pentecostales dirán que son expresión concreta de su forma particular de leer y actualizar lo que en el Nuevo Testamento se presentan como las señales visibles de las comunidades de discípulos como una sociedad alternativa modelada, guiada, sostenida e impulsada por el Espíritu Santo. Dirán también, que el Dios de la Biblia responde a las oraciones por sanidad». Esa creencia pentecostal no es más que una demostración de resiliencia y esperanza respecto a que es posible que las cosas sean distintas, es decir, que la realidad no se rige por un determinismo. Más bien, ¡la realidad puede cambiar!

De este modo, Darío resalta la importancia de reconocer, no solo una obvia multiculturalidad en nuestra América Latina, sino la interculturalidad, pues no estamos sentándonos «en una mesa de dialogo con entidades abstractas o con almas incorpóreas, sino con seres humanos situados en realidades históricas concretas y que tienen una cosmovisión especifica que da sentido a sus vidas». En otros términos, es necesario que se respete la condición del otro. Esto también incluye el respeto a la fe religiosa de los demás actores sociales. En referencia al aspecto conversionista del pentecostalismo, el autor dice que un «enfoque de misión integral resulta ser el más adecuado para hacer frente a los desafíos misioneros que se tienen que encarar en los laberintos urbanos de este tiempo» puesto que «la salvación de los seres humanos no ocurre en un vacío existencial, desconectada de los procesos sociales y políticos, fuera de la cotidianidad humana o al margen de la historia de los pueblos». En el camino de ese mismo pensamiento, acostumbro a decir que no podemos predicar el Evangelio e invitar a las «almas» a aceptarlo, como si fueran a venir flotando como una especie de «fantasma» u holograma a aceptar nuestra invitación. Al recibir el llamado de la predicación, la persona que está allí posee una historia y seguramente que está marcada por dramas, frustraciones, dolores, necesidades, etc., las cuales no desaparecerán «por arte de magia», antes será necesario el compromiso de la comunidad de fe a la que se está integrando, con vistas a la acogida e inclusión, puesto que esos son valores que caracterizaron al movimiento desde sus inicios. (Hch 2.42–47).

Fue justamente para esto que Jesucristo nos llamó y, según nos enseñó en su célebre Sermón del Monte (Mt 5–7), hay una justicia del reino que debe marcar la vida del discípulo. Por eso, la propuesta de Darío para el pentecostalismo no es nada más que la reivindicación de aquello que la comunidad de fe siempre fue: un pueblo impulsado por el Espíritu cuya actuación se da en el «mundo exterior», es decir, fuera de las cuatro paredes del templo, pues para esto fue llamado desde el Antiguo Testamento, debiendo ser un reino sacerdotal (Éx 19.6), identidad que perdura en el Nuevo Testamento (1P 2.9). Por eso, la iglesia carismática de Hechos 2, no solo alababa a Dios por todo, sino también gozaba de una gran estima de parte de la sociedad (Hch 2.47). Esa estima era producto de su actuación social concreta y tal actitud demostraba a la sociedad que se trataba de un pueblo cuya fe, en vez de ser expectante (pasiva), es activa. Esto es porque, según la clara afirmación del autor, especialmente en las secciones donde trata de los «pentecostales, teología y academia» y «pentecostalismo y espacio público», los seguidores de Cristo tienen una «doble ciudadanía», es decir, «como ciudadanos del reino de Dios (*ekklesia*) y como ciudadanos de la ciudad (*polis*)» Esta doble ciudadanía, vale la pena decir, no tiene una dimensión más importante que la otra, pues somos un todo indivisible. En la sección donde aborda el papel del pentecostalismo en el espacio público, el autor destaca que es necesario:

> comprender que el evangelio es una verdad pública. Es decir, comprender que el evangelio no es un mensaje privado confinado a los templos, ni un discurso religioso para almas incorpóreas. Es Palabra de Dios que interpela y desnuda los pecados personales y estructurales. Palabra que dignifica a las culturas y Palabra que provoca transformaciones sociales. Es una buena noticia que tiene que discurrir en todas las fronteras de la vida humana. Tiene que ser así, porque cuando la misión de la iglesia se limita casi exclusivamente a la proclamación verbal del evangelio, desconectada de la preocupación por las buenas obras y la justicia social, tendrá quizá como fruto visible a buenas personas o a buenos vecinos, con una ética privada destacada, pero con una ética pública pobre, deficiente y poco útil para la transformación social. Un evangelio mutilado, dedicado a la salvación de almas incorpóreas, desconectado de la realidad histórica, difícilmente tendrá como producto final ciudadanos ejemplares preocupados por la búsqueda del bien común y comprometidos en la lucha contra la pobreza, la defensa de los derechos humanos, el cuidado responsable de nuestra casa común o en la gestación de una democracia en la que todos los ciudadanos tengan igualdad de oportunidades, acceso a la justicia, trabajo digno, y educación y salud públicas de calidad.

Deshaciendo el paradigma negativo de que los pentecostales no están interesados en asuntos políticos, Darío demuestra una madurez increíble al tratar este tema con profundidad mientras critica la postura de intercambio de favores que algunos líderes pentecostales mantienen durante el proceso político electoral. Tales alianzas basadas en intereses particulares no coinciden con el mensaje de Evangelio. No se puede así, en nombre de la moral y de una agenda religiosa, apoyar una propuesta política que oprime, segrega y aumenta el sufrimiento de los menos favorecidos, sean creyentes o no. Es por eso que Darío inicia su disertación a partir de la realidad periférica de Galilea. Lugar profetizado —y por eso escogido por el Señor Jesucristo— para ser la base de donde el Hijo de Dios irradiaría su ministerio y movimiento (Mt 4.12–17). Esa región no es solo geográficamente importante, sino teológica y metafóricamente estratégica para traducir fielmente el propósito del ministerio de Cristo. De ahí su opción por establecer su base ministerial en Capernaúm. Como ya se ha mencionado, el autor, tomando por fundamento la narrativa lucana, destaca «dos de las claves teológicas fundamentales del Evangelio de Lucas: a) la universalidad del amor de Dios; b) su amor especial por los pobres y los excluidos». Y es emblemático que este texto prolífico para el pentecostalismo, registre esas «claves teológicas lucanas» y, dice Darío, que son «centrales para una mejor comprensión de la misión liberadora de Jesús», y por eso «no pueden ser relegadas, dejadas de lado o recortadas, bajo ningún pretexto». Por lo tanto, conforme defiende el autor:

> A la luz de la experiencia y práctica concreta de la comunidad de Jesús de Nazaret, la *ekklesia* (iglesia) en la *polis* (ciudad), si quiere ser fiel a su llamado y vocación histórica, no puede aceptar como válidas y legítimas las distintas formas de opresión social, cultural y religiosa que son expresión visible de una mentalidad cerrada, vertical y autoritaria. La política del Espíritu camina en otra dirección, choca frontalmente contra toda opresión que cosifica a los seres humanos, y produce una nueva humanidad en la cual desaparecen las prácticas de discriminación y los prejuicios sociales y culturales que separan a los seres humanos. La política del Espíritu produce nuevas relaciones sociales, une a quienes las sociedades humanas separan, y valoriza a quienes son ninguneados y tratados como simples cifras estadísticas.

Esa «nueva humanidad», hermanada en Cristo por medio de su Espíritu, posibilitará esas nuevas relaciones sociales. Partiendo del ejemplo intracomunitario de cómo ella se relaciona, pues es justamente por la forma en que nos amamos que demostramos que somos, de hecho, discípulos de Cristo (Jn 13.35) y no por cuestiones doctrinarias o indumentarias. El deseo divino de tener un pueblo que representa lo que significa vivir bajo el amparo de Dios, a través de una postura ética ejemplar, llevando a los demás pueblos a querer imitarlo (Dt 4.5–8) en Cristo, avivados por el poder del Espíritu (Gá 5.22) puede finalmente ser cumplido. No escondiéndose en guetos religiosos en los que los pentecostales podrán hacer la diferencia, sino colocándose en la posición diaconal de servir de luz y sal para la sociedad. Esta es la conclusión del autor con la que concuerdo en esta oportunidad, y saludo su nueva obra.

> Tendría que ser así porque el pentecostalismo está vinculado estrechamente con los sectores históricamente postergados, marginados y excluidos de la región andina; su misma composición social indica que estos sectores son la inmensa mayoría del pueblo pentecostal que, como las otras personas y familia pobres, comparten las mismas expectativas sociales y políticas. Esta realidad innegable debería ser entonces, desde la base de una comprensión más integral de la misión cristiana y del discipulado radical que está en el corazón del pentecostalismo, razón suficiente para que las iglesias pentecostales se preocupen por las necesidades materiales concretas (alimentación básica, educación de calidad, acceso a la salud, vivienda digna, salario justo, entre otras necesidades) de los pobres, los oprimidos, los marginados y excluidos que forman parte del pueblo pentecostal y que son su expresión mayoritaria tanto en las grandes urbes como en los pueblos más alejados de los centros de poder. Más aun, debería ser razón suficiente para que los pentecostales luchen activamente buscando que todas las personas, creyentes y no creyentes, sean tratados como ciudadanos con iguales derechos, deberes y oportunidades, como corresponde en un sistema democrático orientado al bien común y que busca consolidarse como tal.

Esa es la política del Espíritu, que se expone en diversos textos bíblicos, que Jesucristo nos la enseñó (Mt 25.31–46), y nos la repitieron Pablo (Hch 20.35; Gá 2.9, 10) y Santiago (2.14.26), por mencionar solo unos ejemplos. Lejos de practicar una colonización bajo la excusa de «evangelizar», es necesario anunciar el mensaje del Evangelio con todo aquello que lo compone: apertura a una relación entre Dios y las personas (Lc 4.14–29), liberación de las vidas (Jn 8.1–11), sustento de las necesidades básicas (Jn 6.1–15) y, finalmente, esperanza para los que viven en la oscuridad social y espiritualmente hablando (Mt 4.12–17). Hay una política del Espíritu que impulsaba las primeras comunidades de fe, que moldeaba su identidad y pertinencia, conduciendo a sus seguidores a ser unidos, a compartir todas las cosas, vendiendo sus propiedades y sus bienes, a repartir el dinero entre todos «conforme la necesidad de cada uno» (Hch 2.44, 45). Esta es la propuesta de esta obra: recuperar ese ideal de nuestra identidad para un mundo que ya no soporta el discurso religioso y político, sino que quiere ver en la práctica a los ciudadanos del reino sirviendo conforme a lo que el Señor Jesús nos instruyó (Mr 16.15–20).

César Moisés Carvalho
Autor de *Pentecostalismo y posmodernidad*
Rio de Janeiro, junio de 2019

Introducción

> *«Aunque al poner su nombre en un libro quien escribe asume la responsabilidad personal por todo lo que ha escrito, en la producción de un manuscrito intervienen siempre muchas personas…».*
>
> —Samuel Escobar 2012:4

Este libro no es una excepción. La deuda que tengo con muchas personas es impagable. A lo largo de estos años disfruté la lectura de innumerables libros y artículos, así como de la amistad invalorable de amigos irremplazables y, en consecuencia, el producto final es resultado de todas esas lecturas y relaciones amicales. Todo comenzó cuarenta años atrás. Mi peregrinaje ha sido largo, y tuvo un disparador inicial, cuando me pregunté sobre mi identidad evangélica, wesleyana, pentecostal, anabautista.

En los primeros meses de 1974, cuando comenzaba los estudios universitarios, me vinculé a la Iglesia de Dios del Perú «Monte Sinaí» de Villa María del Triunfo (Lima, Perú), la congregación pentecostal en la que conocí y aprendí a amar y servir al Dios de la vida y al prójimo indefenso. La sencillez del pastor Juan Huertas, la espontaneidad y la alegría del culto, así como la participación activa de los miembros en el culto y en el servicio a la comunidad, fueron las principales razones por las que, finalmente, me integré a esta comunidad de discípulos, pequeña en número, pero grande en corazón. Todavía permanezco en ese suelo firme que me ha dado muchas, muchísimas, alegrías en las últimas cuatro décadas.

Cuando fue pasando el tiempo, como probablemente les ha ocurrido a otros creyentes, descubrí que no siempre en la congregación en la que me formé socialmente como creyente evangélico de tradición pentecostal y en otras que fui conociendo en esos años, había una correlación estrecha entre la vida privada y la vida pública, la teología y la ética, la identidad confesional y la conducta ciudadana responsable. Pensé entonces que, tal vez, tenía razón un atento observador del movimiento pentecostal peruano que afirmaba que en estas iglesias «aunque se da un desarrollo ético personal verdadero, sin embargo hay una ética social muy pobre...» (Marzal 1989:427). Y que, quizás, tenía cierta consistencia la crítica mordaz de un historiador peruano, quien afirmaba que en las iglesias pentecostales:

> Los conversos son bombardeados sistemáticamente con mensajes fundamentalistas y escatológicos. Estos se suministras particularmente en las Iglesias donde la labor del pastor adquiere un papel decisivo. Su autoridad es unánimemente reconocida. No hay duda o cuestionamiento a sus opiniones y mandatos [...] Se autoeducan en sus iglesias y escuelas dominicales donde taladran la mente de los niños y adolescentes hasta despojarlos de toda la tradición y memoria colectiva, dispensarles de toda preocupación o iniciativa que tenga que ver con la historia, la sociedad y la política inmediata que en nuestro país se encuentra revuelta y convulsa dramáticamente... (Kapsoli 1988:156, 158).

Estas y otras observaciones críticas me condujeron a examinar mis convicciones y práctica de vida como creyente y ciudadano, a conocer la historia del movimiento pentecostal primigenio, así como a indagar en esa historia en busca de las raíces teológicas y éticas de mi identidad confesional. Fui descubriendo así que el pentecostalismo tenía firmes lazos con el movimiento de santidad, la teología wesleyana y la Reforma Radical (anabautistas).

Del examen de la historia pasé al examen de la teología, y del examen de la teología al examen de la ética pentecostal. A lo largo de este proceso de búsqueda de las raíces de mi identidad confesional fui publicando artículos, capítulos para libros, y libros sobre pentecostalismo que daban cuenta de la forma como entendía (y entiendo) mi fe evangélica, wesleyana, pentecostal, anabautista. *La política del Espíritu: espiritualidad, ética y política*, forma parte de este proceso que todavía continúa y, así será, mientras el Dios de la vida me conceda en su gracia y justicia, seguir peregrinando en este mundo que le pertenece a él y que todos estamos llamados a cuidar responsablemente.

Dos agudas observaciones de José Míguez Bonino jalonaron también el examen de mi herencia teológica y mi compromiso ciudadano. En su libro Rostros del Protestantismo Latinoamericano, afirmaba que el pentecostalismo representaba: «...cuantitativamente la manifestación más significativa y cualitativamente la expresión más vigorosa del protestantismo latinoamericano...» (Míguez 1995:75). Afirmaba además que: «...su futuro es decisivo no solamente para el protestantismo en su conjunto sino para todo el campo religioso y su proyección social» (Míguez 1995:75). Advertía también que el ropaje teológico que el pentecostalismo latinoamericano había heredado era «...demasiado estrecho para abrigar su experiencia o para permitirle la expresión libre de su vigor» (Míguez 1995:75). Todo lo que he escrito hasta la fecha expresa mi respuesta a estas fraternas observaciones de quien fue el decano de los teólogos evangélicos latinoamericanos. Este libro apunta también en esa dirección y, más aún, pretende ser una respuesta directa al desafío fraterno que Míguez Bonino planteó claramente a quienes militamos en el movimiento pentecostal.

Basado principalmente en un análisis teológico, misiológico y pastoral de pasajes claves de la obra lucana y en varios ensayos que fui escribiendo en la última década, este libro expresa lo que en uno de los prólogos al libro *La misión liberadora de Jesús*, Alejandro Cussiánovich subraya sobre mi aproximación a la propuesta de Lucas y a la misión cristiana:

> El pastor Darío, siempre en misión como teólogo y biblista de la espiritualidad de la liberación, nos ofrece un Lucas crítico que convoca y no descalifica y que inaugura un estilo profético radicalmente amigable. Un Lucas que rompe rediles culturales, religiosos, políticos y sociales, de género y de generación. Que afirma sin titubear la universalidad como condición de liberación, de emancipación esencial. Lucas convoca a un panecumenismo siempre necesitado de diálogo, de apertura, de sabiduría y audacia del Espíritu. El capítulo 13 recoge una hermosa e innovadora expresión, la amistad especial de Dios por los pobres. La radicalidad no está reñida con la universalidad. Es que todo es prójimo y de todo somos prójimo (Cussiánovich 2017:9).

Expresa también lo que Samuel Escobar puntualiza acerca de mi comprensión de la fe y militancia cristiana con sabor pentecostal y aroma latinoamericano:

> …este libro acerca del Evangelio de Lucas nos muestra la espiritualidad que nutre la acción ministerial y ciudadana de su autor. En sus páginas nos acercamos a la intimidad de su relación con Cristo y al esfuerzo por articular la fe evangélica como reflexión sobre la propia práctica de alguien que escucha al Señor de la vida, se entrega a una vida de obediencia al llamado de Jesús y reflexiona a la luz de la palabra de Dios (Escobar 2012:8).

¡En ese camino seguimos! Jalonando nuevas perspectivas de lectura del tercer evangelio y una mejor comprensión de la propuesta teológica, pastoral y misionera del amplio y heterogéneo mundo pentecostal. El presente libro da cuenta de este esfuerzo que ha tenido la invalorable compañía de dilectos amigos de la Patria Grande: América Latina y el Caribe de habla hispana.

Villa María del Triunfo, diciembre de 2018

¿De Nazaret puede salir algo de bueno?

La propuesta social y política de Jesús el Galileo

Introducción

Juan en el Evangelio que lleva su nombre registra una pregunta en la que subyacen prejuicios sociales y culturales instalados en la mentalidad colectiva de los judíos de Jerusalén del primer siglo: «¿…De Nazaret puede salir algo de bueno…?» (Jn 1.46). La forma prejuiciada como los judíos de Jerusalén se refería a los pobladores de Galilea y, especialmente, a quienes vivían en lugares considerados insignificantes como la marginal aldea de Nazaret, expresa también el punto de vista de aquellos que, actualmente, creen que las grandes transformaciones sociales y políticas solo pueden venir desde arriba, desde los que tienen en sus manos el poder y lo ejercen en beneficio de sus intereses personales. Difícilmente aceptarían que, desde la periferia de la sociedad, desde el pueblo de a pie, se pueden generar transformaciones sociales y políticas significativas, así sea en pequeña escala y que, a la larga, pueden cambiar radicalmente la historia de un pueblo.

La comunidad de Jesús de Nazaret, conformada mayormente por personas que formaban parte del «montón» y que eran tratados como descartables en la sociedad patriarcal y piramidal del primer siglo, perfila una historia distinta a la historia que se construye desde arriba, desde quienes controlan el poder y lo ejercen despóticamente. Esta comunidad forjada desde la oscura provincia de Galilea y cuya composición social constituía ya en sí misma una crítica directa a la sociedad estamental de ese tiempo, fue el germen de una nueva humanidad en la que desaparecieron las diferencias y los prejuicios sociales, culturales y religiosos que predominaban en el mundo del primer siglo. Desde esa realidad específica, una nueva sociedad con un estilo de vida radicalmente distinto al de la sociedad circundante, se fueron tejiendo transformaciones sociales y políticas que, finalmente, cambiaron las estructuras mentales, la conducta colectiva, y las relaciones de poder en el imperio más poderoso de ese tiempo: Roma.

La propuesta social y política del Jesús el Galileo, según el testimonio de los Evangelios, apuntaba a revertir el destino de los pobres y de los excluidos por el sistema patriarcal y piramidal del primer siglo. Jesús de Nazaret valoró y trató a las personas que estaban al margen de la sociedad como seres humanos creados a la imagen de Dios y, por lo tanto, destinatarios del mensaje de vida plena que él proclamó públicamente por las ciudades y aldeas de la despreciada región de Galilea: «…Jesús iba por todas las ciudades y aldeas, predicando y anunciando el evangelio del reino de Dios…» (Lc 8.1).

La misión liberadora de Jesús[1], partiendo desde Galilea, tuvo como horizonte transformar las relaciones sociales y políticas mediante las cuales se justificaba y legitimaba la opresión, la deshumanización y la cosificación de seres humanos. En la comunidad de Jesús, mujeres y hombres, leprosos y samaritanos, niños y adultos, cobradores de impuestos y zelotes, ricos y pobres, fueron tratados como iguales, como imagen de Dios y como expresión concreta de lo que la gratuidad e imparcialidad del amor de Dios provoca en la vida de quienes se integran libremente a la comunidad del reino, porque escucharon la llamada al seguimiento: «…Venid en pos de mí…» (Mr 1.17).

Los despreciados galileos

Los etnocentristas judíos de Jerusalén tenían una opinión bastante peyorativa de los habitantes de la marginal provincia de Galilea. En el cuarto evangelio se registra información precisa sobre la manera como los judíos de Jerusalén consideraban y trataban a los galileos: «… ¿De Nazaret puede salir algo de bueno? …» (Jn 1.46). La pregunta da cuenta del desprecio con el cual el común de los judíos de Jerusalén

---

[1] En el libro *La misión liberadora de Jesús: el mensaje del Evangelio de Lucas* trato ampliamente sobre este tema teológico clave de la propuesta lucana sobre la identidad y misión del Mesías, de Jesús el galileo (López 2017).

se refería a los galileos. Según ellos, nada bueno, nada de valor, nada excepcional, podía salir de ese oscuro y marginal espacio geográfico de Palestina.

La región de Galilea, según la opinión corriente en ese tiempo, no contaba con el favor de Dios: «… ¿Eres tú también galileo? Escudriña y ve que de Galilea nunca se ha levantado profeta» (Jn 7.52). De Galilea, según los prejuiciados judíos de Jerusalén, ningún profeta o mensajero de Dios había emergido. Y, como se sabe, «Jesús era oriundo de la aldea, nada importante, de Nazaret, lo cual no constituía precisamente una recomendación» (Theissen 2005:168).

De las referencias del cuarto evangelio y de la información actual que se tiene sobre Galilea, se puede deducir que, en el primer siglo, los habitantes de esa región eran despreciados y tratados como insignificantes. Galilea estaba considerada como:

> Una región de poca importancia. Casi ignorada en el Antiguo Testamento, «comarca de los gentiles» será llamada en Isaías 8.23 (texto citado por Mt 4.15, 16), los evangelios la mencionarán sin embargo repetidas veces. Se trata de una región despreciada por los habitantes de Judea en donde se encuentra Jerusalén. Galilea es zona provinciana, vecina a poblaciones paganas e influida por ellas en su habla de marcado acento… en sus costumbres y en sus poco ortodoxas prácticas religiosas. Nada bueno puede salir de Galilea, de eso están convencidos los buenos judíos (Gutiérrez 2004:196–197).

En el primero siglo, la situación de pobreza y marginalidad de Galilea, contrastaba notoriamente con los privilegios que tenía la ciudad de Jerusalén como centro religioso, político, cultural y económico de Palestina.[2] La diferencia entre Galilea y Jerusalén era notoria. Mientras que Galilea era sinónimo de marginación y exclusión, Jerusalén disfrutaba de una serie de privilegios que ahondaban aún más las diferencias. Esa realidad explica por qué los orgullosos judíos de Jerusalén trataban con desdén a los incultos galileos, como se puede inferir de la referencia registrada en Hechos de los Apóstoles,

---

[2] Aunque se afirma que algunos: «estudios recientes han presentado motivos para dudar de que las zonas de Galilea donde Jesús se hallaba en su ambiente fueran exclusivamente rurales, y de que Jesús y sus seguidores pudiesen ser etiquetados adecuadamente como campesinos» (Mceks 2012:11).

con respecto a las personas que procedían de Galilea: «...*ántropoi agrammatoí kai idiotai...* [...gente sin estudios ni preparación...]» (Hch 4.13). A los despreciados galileos se les reconocía por su dialecto, su forma peculiar de hablar, distinta a la de los judíos de Jerusalén (Mt 26.73).

Un autor resume así el contraste social y político que existía entre Galilea y Jerusalén durante los años en los cuales Jesús de Nazaret recorría las ciudades y aldeas de ese espacio geográfico:

> En los tiempos del ministerio de Jesús, como resultado de las inmigraciones producidas desde Judea en busca de mejores condiciones de vida, había en Galilea muchos desheredados, hombres sin patria. Es muy posible que toda Galilea estuviera superpoblada en relación con las posibilidades de la tierra. Abundaban los huérfanos, las viudas, los pobres y los desempleados. Esta situación contrastaba con la vida que los judíos llevaban en Jerusalén. En ésta las cosas eran distintas. Jerusalén era el centro religioso y esto le daba una serie de beneficios que ponían a sus habitantes en una real situación de privilegio... (Saracco 1982:9).

Fue desde ese oscuro y marginal rincón del imperio romano del primer siglo, habitado por desheredados y carenciados, que Jesús de Nazaret comenzó a proclamar su mensaje de liberación integral: «...el tiempo [*kairós*] se ha cumplido, y el reino de Dios [*basileía tou theo*] se ha acercado» (Mr 1.15). Comenzó así, según el testimonio del tercer evangelio, «...el año agradable del Señor...» (Lc 4.19). Un tiempo en el que se revertiría el destino de los pobres y de los desheredados del mundo.

Desde la periferia del mundo

Desde la periferia de la sociedad, desde una región «de sombra de muerte» (Mt 4.16), desde la insignificancia, comenzó a proclamarse el reino de vida del Dios de la vida. La región de Galilea fue el espacio geográfico que Jesús de Nazaret escogió, deliberadamente, para comenzar a predicar la buena noticia del reino de Dios en las ciudades y aldeas (Mr 1.14–15; Lc 4.16; Mt 4.12–25):

> Jesús, el Galileo... anuncia su mensaje desde la insignificancia y la marginalidad. Desde los pobres y despreciados llega la

palabra de amor universal del Dios de Jesucristo. Esa misión lo encamina a la confrontación con los grandes de su pueblo que residen en Judea, concretamente en Jerusalén (Gutiérrez 2004:197).

Así fue en efecto. Desde el comienzo de su historia de Jesús, Lucas en su evangelio acentúa la predilección de Dios por los pobres y los excluidos. Jesús es amigo de ellos, socializa con ellos, camina con ellos. Los dos primeros capítulos del tercer evangelio dan testimonio de esa realidad. Personas de la periferia como el sacerdote Zacarías y la anciana estéril Elisabet, la campesina María, el anciano Simeón, la anciana profetisa Ana y los pastores de las montañas de Judea, fueron los primeros testigos del cumplimiento de las profecías del Antiguo Testamento referidas al Mesías. Ellos fueron testigos privilegiados del comienzo del tiempo de liberación anhelado por los judíos piadosos que esperaban «…la consolación de Israel» y «…la redención en Jerusalén» (Lc 2.25, 38).

Los evangelios sinópticos (Mateo, Marcos y Lucas) subrayan el lugar y el papel especial que tuvo Galilea en la vida y misión de Jesús de Nazaret. Estos documentos del Nuevo Testamento son:

> …la fuente más importante para conocer el movimiento de Jesús, porque han conservado tradiciones procedentes de la primera generación de cristianos […] Fundamentalmente, todos los escritos del cristianismo primitivo han de ser tenidos en cuenta como fuentes. Pero las más importantes siguen siendo los evangelios sinópticos (Theissen 2005:23–24).

Los evangelios sinópticos, unánimemente, registran y puntualizan que Jesús comenzó su misión liberadora en Galilea: «La primera misión de Jesús, la más amplia cronológicamente, estuvo centrada en *Galilea* y en las regiones de su entorno inmediato…» (Vidal 2006:143). Fue así, entre otras razones, «…porque era en esa población de las aldeas donde estaba también la base del pueblo de Israel *humillado y oprimido*» (Vidal 2006:147). Esta realidad explica por qué los primeros discípulos de Jesús eran oriundos de Galilea (Hch 1.11; 2.7). Se afirma también que:

> La población aldeana [de Galilea y de los lugares aledaños] representaba… al auténtico pueblo de Israel pobre y desheredado,

> el despojado de su derecho al disfrute de la tierra que Dios le había
> dado en heredad. En ese pueblo de las aldeas estaba representado
> el Israel enfermo y endemoniado, es decir, dominado por los
> poderes esclavizadores que le sometían a una vida degradada,
> indigna de un pueblo libre elegido por el Dios de la liberación.
> Él era, en definitiva, el pueblo que sufría los efectos de la maldad
> desencadenada por el pecado y al que había que liberar (Vidal
> 2006:147–148).

Desde ese lugar marginal, explotado y humillado, Jesús comenzó a proclamar públicamente la buena noticia del reino de Dios en los pueblos y aldeas de esa región (Mt 4.12–23; Mr 1.14–15; Lc 4.14, 16, 43–44). Mateo y Marcos, señalan que Jesús, luego de enterarse que Juan el Bautista estaba preso, regresó a Galilea (Mt 4.12; Mr 1.14). Lucas registra que «volvió en el poder del Espíritu a Galilea» (Lc 4.14) y que en la aldea de Nazaret expuso públicamente su Declaración Mesiánica (4.16–30). Fue en Galilea dónde llamó a sus primeros discípulos (Mt 4.18–25; Mr 1.16–20), y luego de su resurrección, Galilea fue el lugar en el que se apareció a los discípulos (Mt 28.16; Mr 16.6–7). Galilea fue también el lugar en el cual les dio a sus seguidores el encargo misionero de hacer discípulos en todas las naciones (Mt 28.16–20). Galilea representa entonces en los evangelios sinópticos, más que una simple referencia geográfica, una clave teológica significativa para comprender la amistad y predilección de Jesús por los desheredados del mundo (Hertig 1997:155).

Toda esta información respecto a Galilea, puede explicar por qué se afirma que «el movimiento de Jesús estuvo anclado originariamente en el campo… y era un movimiento galileo» (Theissen 1976:47),[3] conformado principalmente por «grupos marginales» (Theissen 2005:102), de «raigambre rural» (Theissen 2005:169). Así parece indicarlo Lucas en su registro de la historia de Jesús, cuando se refiere a las mujeres que le habían seguido desde Galilea, que permanecieron al pie de la cruz y que fueron las primeras testigos de su resurrección (Lc

---

[3] Se puntualiza que «la tradición sinóptica está localizada en pequeños lugares, a menudo anónimos, de Galilea. Silencia los lugares mayores como Séforis, Tiberias, Qanah, Jotapata o Giscala… Originariamente el movimiento [de Jesús] se circunscribe al campo. Oímos hablar mucho de campesinos, pescadores, viñadores y pastores y muy poco de artesanos y comerciantes. También son raras las personas instruidas» (Theissen 1976:47–48).

8.1–3; 23.49, 55; 24.1–10). Lo mismo se puede afirmar con respecto a lo que Lucas y los otros evangelios sinópticos registran indicando que la gente pensaba que el movimiento de Jesús estaba conformado por personas provenientes de la despreciada región de Galilea, es decir, que se trataba de un movimiento galileo (Mt 26.69–73; Mr 14.70; Lc 22.59; Hch 2.7).

¿Qué significa esta realidad, es decir, la realidad de que el movimiento de Jesús fue visto como un movimiento de despreciados galileos? ¿Tiene esto alguna significación social y política específica? Incluso se puede plantear una pregunta más concreta, ¿fue casual o fue intencional la opción de Jesús por Galilea? Si fue intencional, ¿cuál es entonces su significado teológico, pastoral y misiológico?

La opción galilea de Jesús

Afirmar que Jesús optó intencional o deliberadamente por Galilea, exige responder a preguntas como las siguientes: ¿Por qué comenzó Jesús su misión liberadora en Galilea y no en otro lugar? ¿Qué tenía en especial Galilea para convertirse en el espacio geográfico privilegiado desde el cual se comenzó a pregonar la buena noticia del reino de Dios? ¿Por qué Galilea y por qué no Jerusalén? ¿Por qué desde la periferia y por qué no desde el centro del poder?

A la luz de la información que proporcionan los Evangelios Sinópticos, así como de los datos que se tienen actualmente sobre las condiciones sociales y políticas de Galilea en el primer siglo, se puede afirmar que la Opción Galilea de Jesús, enunciada en su Declaración Mesiánica en la aldea de Nazaret (4.16–30) y reiterada en la respuesta que les dio a los mensajeros de Juan el Bautista (7.18–22), no fue circunstancial o casual. Fue una clara opción por los pobres, los excluidos y los oprimidos. Fue así, porque en esos años había «en Galilea, poco antes de comenzar Jesús su vida pública, desheredados e incluso, posiblemente, hombres sin patria...» (Theissen 1976:37). En ese marco histórico, Jesús fue «el iniciador de un movimiento judío en el que participaban gentes de baja extracción social, cuyas posibilidades de subsistencia eran escasas, dada su situación real» (Schottroff y Stegemann 1981:13).

La Opción Galilea de Jesús fue una opción por las víctimas de todas las injusticias. Una opción en favor de la vida y la justicia que provocó continuos desencuentros con los representantes del poder político-religioso establecido. Ellos planificaron matar al predicador galileo (Mt 26.4; Mr 14.1; Lc 22.1), entre otras razones, porque «...la cercanía de Jesús respecto de la clase social oprimida y sin privilegios escandaliza a la sociedad judía y es uno de los factores que van a contribuir a su condena» (Bautista 1993:41). Los agentes del anti-reino y de la anti-vida no toleraron su amistad con los desheredados del mundo. A los que estaban en la cima del poder y a sus operadores políticos y religiosos, les incomodaba la propuesta de liberación integral que provenía desde la oscura región de Galilea, y les molestaba la buena noticia del reino de Dios proclamada por un ninguneado campesino galileo (Mt 13.54–55; Mr 6.2–3; Lc 4.22). Fue así porque:

> El ministerio de Jesús constituye, evidentemente, una crítica que conduce a un desmantelamiento radical. Y, como suele suceder, los guardianes del orden existente y los que aprovechan del mismo son sumamente sensibles a cualquier cambio que puede poner en entredicho o hacer peligrar la situación. Por eso Jesús no tarda en ser visto, y con toda razón, como una clarísima y actual amenaza para dicho orden (Brueggemann 1986:99).

La opción galilea de Jesús subraya entonces que desde la solidaridad con los indefensos de la sociedad y con las víctimas de todas las violencias, desde un compromiso hondo e irrenunciable con los menospreciados del mundo, desde los pobres de la tierra y desde el mundo de los desheredados, comenzó a proclamarse la buena noticia del reino de Dios. El pregón del reino comenzó a proclamarse en Galilea, desde la marginalidad y la insignificancia, y se fue difundiendo desde el mundo de los pobres y los excluidos, hacia el centro del poder. La buena noticia del reino de Dios fue avanzando, desde la periferia al centro, desde Galilea a Jerusalén, y desde Palestina a Roma.

¿De Nazaret puede salir algo de bueno? La respuesta a esta pregunta exige delinear cuál fue la propuesta social y política de Jesús el galileo, amigo de los proscritos de la tierra, artesano de una nueva manera de comprender la relación que el Dios de la vida establece con los indefensos del mundo. La opción galilea de Jesús nos recuerda que anunciar el reino de Dios es «restaurar la vida, prometer la vida, celebrar la vida» (Arias 1998:59). Pero, ¿cómo restaurar, prometer y celebrar la vida en un contexto de violencia institucionalizada contra los pobres y los excluidos, víctimas indefensas de todas las violencias?

Los desafíos permanentes

La Opción Galilea de Jesús, su predilección y amistad por los desheredados del mundo y los parias sociales, plantea serias preguntas pastorales para el ejercicio responsable de nuestra ciudadanía en la *polis* que habitamos. Estas preguntas pueden ser incómodas para quiénes están acostumbrados a pensar que la buena noticia del reino de Dios no tiene nada que ver con los asuntos de la agenda pública y que los creyentes solo tienen que dedicarse a la proclamación verbal de un evangelio aséptico, inocuo, desconectado de la realidad social y política en la que se encuentran las personas. Pero no es así y no tiene que ser así, porque el Evangelio es vida plena y justicia plena, buena noticia que jalona transformaciones personales y colectivas que conducen a un compromiso insobornable con la vida y la justicia del reino de Dios. En palabras de Samuel Escobar:

> …ha habido y hay millones de peruanos y peruanas que de alguna manera se han tomado en serio la fe en Cristo y la viven dentro de sus circunstancias. Son esas mujeres que sirven los desayunos populares en tanto barrio pobre de Lima, esos maestros bilingües de la selva que leen y enseñan la vida de Jesús en lenguas como la machiguenga o el campa, esos alfabetizadores y alfabetizadoras que en diversos rincones del Perú enseñan a los pobres a leer para poder reclamar sus derechos y cumplir sus obligaciones, esos seguidores y seguidoras que domingo tras domingo se reúnen a cantar, orar y animarse mutuamente para la lucha diaria por la vida… (Escobar 2013:127).

En consecuencia, si la propuesta social y política de Jesús de Nazaret, el predicador galileo ambulante, apuntaba (y apunta todavía) a revertir el destino de los pobres y los desheredados del mundo, ¿cuál tiene que ser entonces la opción misionera de las iglesias evangélicas en el mundo contemporáneo? ¿La justicia de los que detentan el poder político utilizando el dinero y las armas o la justicia del reino de Dios que exalta a los humildes y derriba de su trono a los poderosos? ¿Una teología legitimadora y justificadora de las opciones de muerte maquilladas con un discurso religioso o una teología de la vida bajo el impulso del Espíritu de vida? Más precisamente, ¿debe ser nuestra opción misionera el silencio cómplice cuando se asesina vilmente a cientos de seres humanos indefensos, la indiferencia frente al escándalo de la pobreza y la pobreza extrema, o la pasividad e indiferencia cuando cientos de seres humanos mueren de hambre o no tienen un trabajo digno y viven en condiciones infrahumanas?

¿De Nazaret puede salir algo de bueno? Sí. Desde la periferia y la insignificancia, desde los desheredados que se han encontrado con el Dios de la vida, se puede tejer una nueva manera de enfrentar a las injusticias que, sin recurrir a la violencia, forje una calidad de vida distinta para las víctimas. En esa nueva manera de enfrentar a las injusticias y a sus operadores humanos, el poder del amor y del perdón, son recursos valiosos para frenar la impunidad con la que a menudo actúan los que tienen en sus manos el poder. Amor que exige justicia y perdón que exige restitución. Tiene que ser así, porque el amor no tiene que divorciarse de la exigencia de la justicia, y el perdón no tiene que separarse de la exigencia de reparar el daño causado a las víctimas. Sí, de Nazaret puede salir algo de bueno, para construir un mundo en el cual todos sean respetados, tratados y valorados, como imagen de Dios.

Capítulo 2

¡Hoy se ha cumplido esta Escritura…!

La declaración mesiánica de Nazaret

Introducción

Jesús de Nazaret, luego de las tentaciones en el desierto (Lc 4.1–13), según el testimonio de Lucas, «…volvió en el poder del Espíritu a Galilea… y enseñaba en las sinagogas de ellos…» (Lc 4.14–15). Fue durante ese recorrido misionero que vino a la aldea de Nazaret, y en ese lugar público, hizo suyas las palabras del profeta Isaías: «El Espíritu del Señor está sobre mí…» (Is 61.1; Lc 4.18). De esa manera, con estas palabras, precisó claramente quién era y para qué había venido. Su identidad como el Mesías evocado y esperado por las personas piadosas de Israel, y su misión liberadora, fueron enunciadas en su Declaración Mesiánica en la sinagoga de Nazaret. Esta Declaración Mesiánica de Jesús (4.16–30), con su eco combinado del Éxodo y del Jubileo (Wright 2006:309), constituye una clave teológica fundamental en el que se perfila y expresa la misión liberadora de Jesús. Misión liberadora que se concretiza en su amor especial por los desheredados del mundo, su amistad con los parias sociales, es decir, en una opción por la vida y la justicia. Fue así, porque la compasión y solidaridad de Jesús «se dirige, sistemáticamente, hacia toda gama de seres humanos *vejados y abatidos*» (Brueggemann 1986:104).

La declaración mesiánica de Jesús

Acerca de la declaración mesiánica de Jesús, siguiendo el punto de vista de Robert McAfee Brown, Gustavo Gutiérrez sostiene que se trata de «un texto que cumple en el evangelio de Lucas una función semejante al del Éxodo en el Antiguo Testamento. Ambos expresan la voluntad liberadora de Dios» (Gutiérrez 1989:40).

¿Cuál es el contenido y el alcance liberador de la Declaración Mesiánica de Jesús? Para Gustavo Gutiérrez:

> En un pasaje del evangelio de Lucas que nos es muy familiar (4.16–20), Jesús, valiéndose de un texto del profeta Isaías (61.1–2 y 58.6), da cuenta pública de su programa... Con este pasaje de su evangelio, Lucas nos presenta el comienzo del ministerio de Jesús [...] Lucas aprovecha la escena de la visita a Nazaret, que nos cuentan también Mateo y Marcos (13.53–58 y 6.1–6), para decirnos en qué consistirá la obra mesiánica y pone además esmero en hacer ver su alcance universal [...] Las diferentes situaciones humanas enunciadas (pobreza, cautividad, ceguera, opresión) aparecen como expresiones de muerte... En este texto programático encontramos por consiguiente la disyuntiva muerte-vida, central en la revelación bíblica, frente a la cual... se nos exige una opción radical (Gutiérrez 2004:39–40, 41–42).

Sobre este mismo asunto, John Yoder, sostiene que:

> El pasaje de Isaías que Jesús utiliza aquí para aplicarlo a sí mismo, no sólo es uno de los más explícitamente mesiánicos; es también el que establece las expectativas mesiánicas en los términos sociales más expresivos... Es muy posible que *el año aceptable del Señor* en el libro del profeta, se refiera a algún evento en particular hacia el fin de la era, o en el futuro inmediato de los cautivos de Babilonia (o a ambos); pero para el judaísmo rabínico y, por lo tanto, para los oyentes de Jesús, es más probable que no significara ninguno de los dos, sino el año del jubileo, el tiempo en que las desigualdades acumuladas a lo largo de los años son olvidadas, y todo el pueblo de Dios comienza otra vez desde el principio. La expectativa, por lo tanto, no es que Jesús vendría a sacar a Palestina del último peldaño de la escala temporal, sino más bien que estaba por llegar a Palestina el impacto igualitario del año sabático (Yoder 1985:32–33).

Sobre este mismo pasaje, René Padilla, afirma lo siguiente:

> Al comienzo mismo de su ministerio, en su manifiesto sobre su misión anunciado en la sinagoga de Nazaret, lee la profecía de

Isaías 61.1–2 y afirma que el día del cumplimiento ha llegado. De su interpretación de ese pasaje bíblico se deriva que Jesús entiende su misión en términos de la inauguración de una nueva era —*el año favorable del Señor*—… caracterizado por el anuncio de la buena noticia a los pobres, la libertad de los presos, la restauración de la vista a los ciegos, la liberación de los oprimidos. Con el Antiguo Testamento como telón de fondo, Jesús concibe su actividad mesiánica en términos de la instauración del *año favorable del Señor*, es decir, el año de jubileo y, consecuentemente, de la reestructuración de la sociedad según los dictados del amor y la justicia. Es el portador de las bendiciones del reino, las mismas que son derramadas sobre gente que vive en condiciones de privación y opresión, pobreza y explotación (Padilla 2012:267).

Teniendo en cuenta la información que Lucas nos proporciona en su evangelio, así como la contribución de quienes han examinado este pasaje clave del tercer evangelio, se puede afirmar que cualquiera sea la óptica teológica desde la cual se lea y analice la Declaración Mesiánica de Jesús, no se pueden soslayar cuatro asuntos que están bastante claros y que no requieren de mayor explicación o análisis crítico.

En primer lugar, Jesús se aplica a sí mismo las palabras de Isaías 61.1–2, afirmando que en él se cumple esta profecía mesiánica. Particularmente, Jesús declara públicamente que, en su persona y ministerio, el reino de Dios se ha hecho presente en el seno de la historia.[4] Sus palabras y sus acciones liberadoras en beneficio de seres humanos concretos, como los enfermos, las viudas, los publicanos, los samaritanos y los endemoniados, según el testimonio del tercer evangelio, dan cuenta de esa innegable realidad. Y, esa nueva realidad, constituía una crítica frontal a la sociedad predominante y a los señores temporales de ese tiempo. En su Declaración Mesiánica:

> Jesús anunciaba el comienzo de una nueva era; pero ese anuncio conllevaba una severa crítica de todos los poderes y agentes del

---

[4] Se afirma que: «Al aplicarse Jesús a sí mismo el texto de Is 61.1–2, entramos en el *kairós*, que es el tiempo definitivo de la visita salvífica de Dios» (Escudero 1978:267). En la misma línea interpretativa, sobre este mismo pasaje, se expresa que en su mensaje inaugural «en la sinagoga de Nazaret, Jesús se aplica a sí mismo las promesas de Is 61.1–2; 58.6; y anuncia que la promesa de liberación que forma parte del jubileo se encarna ahora en su propio ministerio» (Arias 1998:29).

orden existente. Su mensaje iba dirigido a los pobres; pero había otros, empeñados en que siguieran pobres, que se beneficiaban de su pobreza. Se dirigía a los cautivos (nombre con el que se alude a los esclavos); pero había otros ciertamente deseosos de que la situación no cambiara. Mencionaba a los oprimidos; pero nunca hay oprimidos sin opresores (Brueggemann 1986:98–99).

En segundo lugar, no se puede ignorar que se trata de un pasaje que está conectado con el año de jubileo. Un año de liberación en el cual se daba una nivelación social, se condonaban las deudas, los pobres recuperaban sus tierras y los esclavos eran liberados (Lv 25.1–55).[5] Un año en el cual se revertía el destino de los pobres, los desheredados y los que estaban en el desván de las relaciones sociales.

En tercer lugar, la declaración mesiánica de Jesús tiene una dimensión social y política incuestionable relacionada, particularmente, con la liberación de las personas que se encontraban en situaciones de opresión. Los pobres, un término que se halla también en Isaías 61.1 (*anawin, ptōjós* como se traduce en la Septuaginta), «significan claramente en Lucas los desprovistos de lo que es necesario para vivir» (Gutiérrez 2004:42),[6] como por ejemplo en Lucas 6.20; 7.22; 14.13–21. A estos sectores sociales carenciados, víctimas de las violencias

---

[5] En ese «…año, según la ley israelita (Lv 25.8–55), los bienes retornaban a sus dueños primitivos, quedaban libres los esclavos, y todos los hombres y mujeres de Israel volvían a empezar la vida en hermandad, sin diferencias… Jesús anuncia ahora ese año decisivo, para siempre» (Pikaza 1985:223). Se precisa además que «la proclamación del jubileo, que se refleja en la cita escogida por Jesús, apuntaba a la necesidad de restitución de los medios de vida —en cuanto al acceso a la tierra y la remisión de las deudas— y exigía la emancipación de los esclavos» (Arias 1998:30).

Entonces, como puntualiza un autor, «Debemos concluir que —en el sentido corriente que tenían sus palabras— Jesús, lo mismo que María y Juan, estaba anunciando la inminente entrada en vigencia de un nuevo régimen, cuyas características serían que el rico compartiría con el pobre, los cautivos serían liberados, y los hombres tendrían una nueva mentalidad (*metanoia*), si creían en esta noticia» (Yoder 1985:34).

[6] Con respecto al significado e implicancias que tiene esta palabra, se señala que: «El término empleado por los evangelios (*ptōjós*) tiene sin duda una connotación social. Toda la tradición en torno a Jesús viene a apoyar la idea de que los evangelios sinópticos, cuando hablan de los pobres (*ptōjoi*), se refieren a la extrema miseria, y con frecuencia a la mendicidad. Describen a los pobres recibiendo limosna (Mr 10.21 par.); Lázaro el pobre es un mendigo enfermo (pasaje prelucano Lc 16.19s), y los mendigos acogidos en el gran banquete son los pobres y los enfermos de la localidad y los vagabundos de fuera (Lc 14.21, 23)» (Schottroff y Stegemann 1981:38–39).

presentes en la sociedad patriarcal y piramidal de ese tiempo, se orientó la Declaración Mesiánica de Jesús y sus acciones liberadoras.

En cuarto lugar, aparecen en este pasaje, dos de las claves teológicas fundamentales del evangelio de Lucas: a) la universalidad del amor de Dios; b) su amor especial por los pobres y los excluidos. Estas dos claves teológicas lucanas, centrales para una mejor comprensión de la misión liberadora de Jesús, no pueden ser relegadas, dejadas de lado o recortadas, bajo ningún pretexto.

Con respecto a la universalidad del amor de Dios y a su amor especial por los pobres, dos de las claves teológicas lucanas presentes en la Declaración Mesiánica de Jesús, las mismas que tienen que ser examinadas a la luz de Isaías 61.1–2 e Isaías 58.6, se tiene que hacer dos precisiones fundamentales.

La primera precisión se relaciona con la gratuidad e imparcialidad del amor de Dios. Así, cuando Jesús cita Isaías 61.1–2 en su Declaración Mesiánica, y no lee la última parte de Isaías 61.2 («…el día de la venganza del Dios nuestro…»), evita toda referencia de hostilidad a los gentiles. De esa manera, proclamó públicamente en un auditorio judío, la gratuidad e imparcialidad del amor de Dios, subrayada además en la referencia a dos despreciables gentiles que recibieron el favor de Dios: la viuda de Sarepta y Naamán el leproso sirio (Hertig 1998:167–179). La gratuidad e imparcialidad del amor de Dios afloran entonces como notas clave de la misión liberadora de Jesús. Notas clave que se expresan notoriamente en su Opción Galilea y que son dos dimensiones teológicas fundamentales del tercer evangelio.

La segunda precisión se relaciona con la perspectiva de Jesús sobre la solidaridad con los indefensos y descartables de la sociedad. Así, cuando en su Declaración Mesiánica inserta una frase tomada de Isaías 58.6 («…a poner en libertad a los oprimidos…», Lc 4.18), Jesús introduce un correctivo necesario para una religión despreocupada por las condiciones materiales concretas en las que vivían los pobres y los oprimidos (Hertig 1998:167–179). Este texto del profeta Isaías, si se examina a la luz de toda la propuesta que subyace en Isaías 58 en la que se denuncia las prácticas religiosas hipócritas y se enfatiza que el verdadero ayuno consiste en romper las cadenas de injusticia y preocuparse por la situación de los pobres, tiene una indudable dimensión social y política. En otras palabras, la misión liberadora de Jesús precisada en su Declaración Mesiánica, no puede espiritualizarse o entenderse como la simple salvación de almas incorpóreas. Es así, porque la palabra *ptōjós* (pobres) utilizada en Lucas 4.18, tiene la connotación específica de carencia material, privación y miseria.[7] Además, porque los quebrantados de corazón, los cautivos y los ciegos, mencionados en Lucas 4.18, expresan formas concretas de privación y miseria material en la que se encuentran seres humanos concretos.

Para seguir pensando

En la despreciada región de Galilea, cuando en un día de reposo entró a la sinagoga de la insignificante aldea de Nazaret, Jesús ungido por el Espíritu, expuso un programa misionero liberador en favor de los pobres y de los excluidos. Este programa misionero liberador que se expresa en su Opción Galilea es una clara opción por la vida y la justicia del reino de Dios. Su predicación y sus acciones liberadoras en favor de seres humanos víctimas de diversas formas de violencia, dieron cuenta de esa Opción Galilea. Una opción de vida y por la vida que le granjeó la enemistad y el rechazo de los poderosos de su tiempo.

¡Hoy se ha cumplido esta Escritura…! Los discípulos de Jesús que afirman estar llenos del Espíritu, a la luz de la Declaración Mesiánica de Nazaret, una y otra vez, en nuestras realidades particulares de compromiso pastoral y misionero, tenemos que preguntarnos: ¿Cuál es nuestra plataforma de acción misionera en favor de los menesterosos y los desheredados del mundo? Tenemos que preguntarnos también: ¿Para qué nos ha ungido el Dios de la vida con el Espíritu de vida: para favorecer y defender políticas económicas criminales en contra de seres humanos indefensos o para buscar que todos los seres humanos disfruten de una calidad de vida plena, digna y justa como creación de Dios? ¿A quién estamos sirviendo: al Dios de la vida o a las fuerzas de la muerte? ¿Qué mensaje estamos proclamando a las víctimas del sistema: un mensaje de dignidad y de justicia o un mensaje de aceptación pasiva de la violencia y la injusticia institucionalizada?

---

[7] La palabra *ptōjós* es utilizada 10 veces en el evangelio de Lucas (4.18; 6.20; 7.22; 14.13, 21; 16.20, 22; 18.22; 19.8; 21.3) para designar a todos los seres humanos que se encuentran en una situación de extrema pobreza y que están obligados a la mendicidad, indigencia y miseria (Gutiérrez 1988:425).

Capítulo 3

¿Creyentes y ciudadanos?

Las iglesias pentecostales en Perú, Bolivia y Ecuador

Introducción

En las últimas décadas, el movimiento pentecostal latinoamericano, ha sido examinado desde diversas perspectivas teóricas y metodológicas.[8]

---

[8] Algunos analistas ven en el mensaje y en el discurso teológico pentecostal una forma de adormecer y de tranquilizar la conciencia social de los pobres y de los excluidos. Otros creen que las comunidades pentecostales son sólo simples espacios de refugio y de sobrevivencia para los migrantes que están sin lazos sociales ni referentes culturales, dentro de las ciudades que los cobijan, y en las cuales ellos se sienten extraños. Y, los más críticos, puntualizan que en las iglesias pentecostales, por medio de predicas fundamentalistas y apocalípticas, los pastores taladran la memoria colectiva y secuestran ideológicamente a los pobres, hasta quitarles toda preocupación por su presente histórico. Es decir, ven a los pentecostales como personas desinteresadas por los problemas de su entorno inmediato y como individuos desenchufados de su realidad histórica concreta. Ante estos análisis críticos y, para responder a los mismos, uno podría preguntar: ¿Será verdad que los pentecostales tienen una ética social muy pobre? ¿Todos los pentecostales no tienen memoria colectiva y están secuestrados ideológicamente?

Un análisis crítico más matizado de la realidad actual del movimiento pentecostal indica que muchos de los estereotipos o formas tradicionales de ver a este sujeto religioso, quedan en entredicho, cuando cualquier observador atento a la dinámica social y al proceso de cambio de mentalidad que se vive dentro de un creciente número de iglesias pentecostales, se da cuenta que una cosa son los estereotipos, y otra muy distinta, la vivencia de fe y la práctica social cotidiana de los pastores y miembros de muchas de estas iglesias ubicadas en los barrios periféricos de las grandes urbes. Actualmente se hace muy difícil aceptar la idea, muy común todavía en ciertos círculos, que la comunidad pentecostal es un sujeto colectivo pasivo socialmente o ingenuo políticamente, una suerte de justificadores y defensores a ultranza de regímenes autoritarios, una especie de tontos útiles para los grupos reaccionarios, o un sector religioso apocalíptico y milenarista que ha optado por diferir su vida al más allá.

El examen crítico de este sujeto religioso, cuya presencia es inocultable en el campo religioso, se ha focalizado principalmente en los países en los que ha tenido un acelerado crecimiento numérico (Brasil, Chile, Guatemala) y en países en los que pastores y líderes pentecostales han incursionado visiblemente en la vida pública (Brasil, Guatemala, Colombia).[9] Sin embargo, poca atención se le ha dado a la presencia pentecostal en la región andina de Sudamérica (Perú, Bolivia, Ecuador), un espacio geográfico caracterizado por una presencia indígena significativa en su composición social que estructura su identidad cultural.

Hasta fines de la década de los ochenta del siglo pasado, el pentecostalismo en la región andina no tuvo un crecimiento numérico notable, como sí ocurrió en otros países de América Latina (Brasil, Chile, Guatemala) que, con la excepción de Guatemala, no tienen una significativa población indígena. Ha sido recién en las dos últimas décadas que el pentecostalismo en la región andina ha tenido un crecimiento numérico significativo. Además, debido al incremento acelerado del número de miembros, ha comenzado a posicionarse como un actor central en el campo religioso y como la primera mayoría dentro de la comunidad evangélica del Perú, Bolivia y Ecuador.

Teniendo en cuenta esta realidad, nuestro foco de estudio será el pentecostalismo en la región andina.[10] Examinaremos el proceso histórico, los énfasis teológicos, su relación con el espacio público y los desafíos que tienen que encarar las denominaciones que forman parte del pentecostalismo clásico o histórico, todas ellas de origen estadounidense: Asambleas de Dios, Iglesia de Dios (Cleveland), Iglesia Internacional del Evangelio Cuadrangular e Iglesia de Dios de la Profecía. Las expresiones religiosas cercanas o distintas al pentecostalismo (las iglesias carismáticas y neopentecostales) no serán

---

9   Existen también investigaciones sobre las iglesias carismáticas y neopentecostales, cuya presencia en las grandes urbes y en los medios masivos de comunicación social, han llamado recientemente la atención de los estudiosos de los fenómenos religiosos. Para el caso particular de Lima, Perú, Uta Ihrke-Buchroth, ha escrito una valiosa tesis doctoral en la que examina críticamente la presencia misionera de las iglesias carismáticas y neopentecostales (Ihrke-Buchroth 2013).

10 Para Bolivia consultar: Tancara 2005; Tancara 2011:60–70; Vargas 2010; Wightman 2008; Rivieri 2004:259–254; Canessa 2004:219–257. Para Ecuador consultar: Padilla 1989; Guamán 2011; Andrade 2004; Muratorio 1992; Huarcaya 2003; Nolivos 2011; Saa 2009:139–159; Saa 2011:493–510. Para Perú consultar: Zavala 1989; López 2000; López 2002; López 2004; Kamsteeg 1991:95–113; Kapsoli 1994; Campos 2002; Kessler 2010; Marzal 1989; Soto 2007.

examinadas en este capítulo, porque en su origen, composición social y énfasis teológicos, son distintos al pentecostalismo histórico o clásico, como lo han señalado acertadamente dos atentos observadores de la realidad religiosa latinoamericana.[11]

El enfoque será panorámico y descriptivo teniendo en cuenta que el pentecostalismo en la región andina, no es uniforme u homogéneo, sino que tiene diferentes facetas que en conjunto perfilan el rostro colectivo y público que presenta este sujeto religioso. Luego de la descripción de sus principales características, se articularán líneas de acción colectiva con la intención de que los pentecostales comprendan que en su compromiso y militancia pastoral y misionera tiene que forjar creyentes y ciudadanos que, desde su fe pentecostal, coadyuven a la construcción de una democracia de ciudadanos plenos, antes que simples votantes en los periodos electorales o personas religiosas desconectadas de la realidad en la que viven.

Reflexionar sobre la relación de los pentecostales con la sociedad y la política es relevante para nuestro estudio, porque en la región andina, con sistemas democráticos poco consolidados y en el que la Iglesia Católica Romana tiene una fuerte influencia en la vida pública, subsisten todavía diversas formas de violencia institucionalizada contra la dignidad humana, justificada y legitimada religiosamente, tanto por católicos como por evangélicos, entre ellos, los pentecostales.[12] Sobre

---

[11] De acuerdo a Míguez: «En cuanto al primero [las iglesias neopentecostales], creo que su diferencia con el pentecostalismo criollo es de orden cualitativo: se inscribe en otra dinámica social, relacionada con las condiciones y estratificaciones sociales generadas en la aplicación de las políticas económicas y sociales del «neoliberalismo»; tiene otra racionalidad, más vinculada al uso de medios creados por la «razón técnica» y empleadas «desde arriba» sobre las nuevas condiciones, muy diferente de la «creación social» popular del pentecostalismo criollo. Genera, por consiguiente, otro tipo de adhesión, más ligada al «consumo de bienes religiosos» que a la incorporación activa a un sujeto religioso intencional. Por consiguiente, creo que requiere otros métodos de investigación y otras pautas teológicas de valoración. No es ese el caso de los movimientos carismáticos dentro de las iglesias ya establecidas. Estos, sin embargo, también difieren por originarse contra el trasfondo de una práctica religiosa protestante o católica ya establecida y en general dentro de los parámetros de la misma y por pertenecer, en su mayoría, a sectores de clase media, con sus características psicológicas y sociales propias…» Míguez 1995:58–59). Ver también Escobar 1999:73–75. Información más amplia, sobre las iglesias carismáticas y neopentecostales y sus características más notorias, se pueden encontrar en Córdova 1999:109–134.

[12] Es bastante sintomático el resultado de un reciente estudio sobre la violencia en los hogares evangélicos en varias regiones del Perú. Llama la atención, particularmente, la justificación religiosa que utilizan los creyentes, pentecostales y no pentecostales, para explicar su práctica de violencia: «Hay dos elementos distintivos en las comunidades

este asunto, particularmente la dimensión política de la violencia institucionalizada, se tiene que precisar que la conducta social y política de los pentecostales no es igual en todos los casos ni sigue una misma dirección, aunque con frecuencia, su liderazgo más representativo se ha inclinado a apoyar, con su silencio o con sus palabras, su pasividad e indiferencia, a regímenes civiles y militares autoritarios.

El pentecostalismo en la región andina

Trasfondo histórico

El pentecostalismo en la región andina de Sudamérica tiene origen foráneo.[13] Fue introducido por misioneros estadounidenses conectados con las denominaciones del pentecostalismo histórico o clásico (Asambleas de Dios, Iglesia de Dios-Cleveland, Iglesia de Dios de la Profecía, Iglesia Internacional del Evangelio Cuadrangular)[14] o por misioneros independientes que luego se afiliaron a estas denominaciones. Las denominaciones pentecostales nacionales más extendidas, como en el caso del Perú (Iglesia Evangélica Pentecostal del Perú, Iglesia Pentecostal de Jesucristo o la Iglesia Pentecostal Misionera), nacieron como producto de la división de las nacientes iglesias pentecostales de origen foráneo o de divisiones de ellas mismas. Las divisiones que se dieron en el naciente pentecostalismo, como en el caso del Perú,

---

evangélicas, cuando se habla del origen de la violencia en el hogar, con respecto a la sociedad peruana en su conjunto: responsabilizar de la violencia al diablo, y a la desobediencia (*no sujeción*) de la mujer al esposo. 5 de cada 10 evangélicos coloca al diablo como causante de la violencia familiar». Paz y Esperanza 2014:28–29.

[13] En la región andina no se tiene mucha información documentada sobre iglesias pentecostales surgidas nacionalmente, sin ningún contacto con el exterior. Las excepciones son la información que se consigna en la tesis doctoral de Eloy Nolivos quien afirma que en los primeros años de la década de 1980 del siglo XX, ocurrió una experiencia pentecostal en la Iglesia Ríos de Agua Viva, localizada en la región indígena del Ecuador, sin ninguna influencia extranjera (Nolivos 2011:17); y la que se registra en el libro *75 años de historia y misión*, sobre la Asociación de Iglesias Evangélicas del Caribe (AIEC), particularmente del avivamiento pentecostal en esta iglesia que comenzó en la localidad de Corozalito en 1958 (Restan y Bedoya 2015).

[14] Según Kessler: «El pentecostalismo peruano no surgió… en forma espontánea como en Chile, sino que fue implantado por misioneros provenientes de los Estados Unidos», Kessler 2010:275. Aunque se tienen que señalar que existen también, como en Bolivia, iglesias pentecostales que nacieron como fruto de la obra misionera de denominaciones pentecostales que surgieron en América Latina. Este es el caso de los misioneros chilenos de la Iglesia Evangélica Pentecostal de Chile, cuya labor, dio origen a la Iglesia Evangélica Pentecostal Boliviana.

se debieron principalmente a problemas personales entre el liderazgo nacional y los misioneros extranjeros, o por problemas internos en el liderazgo nacional que compitió por el control de las iglesias.[15] Las iglesias que se desprendieron de las denominaciones pentecostales de origen foráneo y las que surgieron de las divisiones de las denominaciones que se independizaron de su matriz en el extranjero, siguieron el mismo patrón doctrinal, administrativo y de formación pastoral de sus iglesias madre, aunque en ciertos casos (como en la música) adoptaron características propias.

Aunque se tienen antecedentes de esfuerzos pioneros previos, por parte de misioneros pentecostales independientes,[16] las denominaciones vinculadas al pentecostalismo histórico o clásico comenzaron formalmente su actividad misionera entre las décadas de 1940–1950, cuando se organizaron según la normatividad legal de los países en los cuales se establecieron. A partir de ese momento, comenzaron a arraigarse y consolidarse para expandirse, luego, a diferentes pueblos y ciudades del Perú, Bolivia y Ecuador. El siguiente cuadro precisa esta información:

Denominaciones pentecostales históricas en la región andina
Año de su constitución legal o de inicio de su presencia misionera

Iglesia	Perú	Bolivia	Ecuador
Asambleas de Dios	1939	1946	1962
Iglesia de Dios (Cleveland)	1948	1960	1972
Iglesia Internacional del Evangelio Cuadrangular	1988	1928	1956
Iglesia de Dios de la Profecía	1955	1974	1983

---

[15] Es bastante ilustrativa la experiencia del pentecostalismo peruano, tanto en su etapa pionera, como durante su proceso de establecimiento y consolidación. Ver para información más amplia Zavala 1989:64–137.

[16] El caso más significativo es el de los misioneros pentecostales independientes Howard Cragin y su esposa Clara Harrell. Ellos llegaron al Perú en el año 1911 (antes de que se fundara las Asambleas de Dios, en 1914, en los Estados Unidos de Norteamérica), pasaron luego al Ecuador, donde después de visitar Guayaquil se establecieron en Quito hasta 1913. En esta ciudad dejaron establecida una congregación y se dirigieron a La Paz, Bolivia. En el Perú, Evangelina Cragin, hija de estos misioneros, continúo la obra de sus padres, pastoreando una congregación pentecostal independiente en la ciudad de Huaraz, Ancash (Zavala 1989:67–68).

Luego de establecerse en los países de la región andina, y superando los prejuicios que las otras iglesias evangélicas tenían con respecto al movimiento pentecostal al cual veían como algo diferente y propio a la vez,[17] las denominaciones pentecostales establecieron vínculos de cooperación con la comunidad evangélica organizada para tener una representación única ante el Estado. Buscaban, de esa manera, protegerse mutuamente de la ofensiva de la Iglesia Católica Romana que combatía y perseguía a toda forma de culto distinto al oficial, con la complicidad o el silencio de las autoridades políticas.[18]

Un repaso de la historia del pentecostalismo en la región andina da cuenta que desde muy temprano tuvo una tendencia a la fragmentación. Casi todas las denominaciones pentecostales, las de origen foráneo y las que se desprendieron de la obra misionera extranjera, tuvieron en algún momento divisiones de las que surgieron otras denominaciones que se independizaron de su matriz en el extranjero o de la administración nacional. Aparecieron así denominaciones pentecostales dirigidas por pastores nacionales, sin ningún contacto en el extranjero y sin ninguna forma de dependencia económica o administrativa, como la Iglesia Pentecostal de Jesucristo y la Iglesia Evangélica Pentecostal Misionera, ambas en el Perú.

En el proceso histórico que siguieron las iglesias pentecostales de la región andina, llama la atención que, a pesar de las rupturas que se dieron en buena parte de ellas, su crecimiento numérico fue cada vez más ascendente y visible, especialmente entre los sectores populares de la ciudad y de las áreas rurales Actualmente la comunidad pentecostal en la región andina representa a la mayoría de la comunidad evangélica y, aunque no existe información estadística confiable sobre el número de miembros (solo se tienen estimaciones), se puede afirmar que en conjunto son más del 50% de toda la comunidad evangélica en el

---

[17] Míguez Bonino señala que para las iglesias evangélicas: «...representaban un desafío y una tentación. Podían reconocer en los pentecostales su propia teología, sus posturas éticas y su celo evangelizador. Pero sus manifestaciones les resultaban extrañas y su crecimiento a la vez los asustaba y los seducía» (Míguez 1995:60). Escobar, por su parte, señala que «solo bien entrada la sexta década de este siglo tanto los protestantes ecuménicos como los evangélicos dieron «carta de ciudadanía» protestante a los pentecostales» Escobar 1999:71).

[18] Este es el caso, por ejemplo, de las instancias de representación colectiva de la mayor parte de la comunidad evangélica como el Concilio Nacional Evangélico del Perú (CONEP), la Asociación Nacional de Evangélicos de Bolivia (ANDEB) y la Confraternidad Evangélica del Ecuador (CEE).

Perú, Ecuador y Bolivia, y que sus congregaciones están asentadas principalmente en las zonas de pobreza y pobreza extrema de las ciudades y de las áreas rurales.[19]

Identidad y teología

Los misioneros estadounidenses que vinieron a la región andina tenían un trasfondo conservador en teología y en política bastante cercano al fundamentalismo estadounidense. Teológicamente compartían la plataforma doctrinal que caracterizaba a la inmensa mayoría de las iglesias evangélicas que se habían asentado o se estaban asentando en América Latina,[20] excepto el énfasis pentecostal en el bautismo con el Espíritu con la evidencia física inicial de hablar en otras lenguas. Además, junto con las iglesias de santidad (nazarenos, peregrinos, wesleyanos), enfatizaban el rigorismo ético que se expresaba en la abstinencia de todo tipo de bebida alcohólica, la prohibición de fumar y de bailar, el cuidado en la vestimenta especialmente de las mujeres, la oposición al uso de ornamentos como las joyas y collares, y la prohibición de asistir a todo lugar mundano de entretenimiento (cines, playas).

La escatología que proclamaban les condujo a tener una visión pesimista del mundo, a un rechazo a los bienes materiales que eran vistos como un signo de perdición y mundanalidad, y a trasladar o deferir toda su esperanza al cielo prometido. Esto explica su marcado desinterés por los asuntos considerado profanos o mundanos, como la participación en la política y en las acciones de transformación social. De esa manera, desde su inserción misionera en la región andina, toda preocupación por el bien común y los asuntos sociales y políticos del entorno de misión, la justicia y la defensa de los derechos humanos, fue considerada como no cristiana, mundana y sospechosa de una infiltración comunista o de un apego cercano al movimiento ecuménico vinculado al Consejo Mundial de Iglesias.

---

[19] Las Asambleas de Dios del Perú afirma tener más de un millón de miembros.

[20] El movimiento misionero protestante de trasfondo estadounidense, según Míguez Bonino, tenía las siguientes características: «un dualismo y un espiritualismo más marcado, una ética de separación del mundo, acompañada por rigidez legalista» (Míguez 1995:47). Para Samuel Escobar las notas distintivas de la comunidad evangélica latinoamericana, incluyendo a las iglesias pentecostales, son las siguientes: la herencia teológica de la Reforma Protestante, la pasión evangelizadora, la piedad personal, la postura anabautista, la ética puritana y la dimensión social del evangelio. (Escobar 1982b:15–18, 35–39).

La opción misionera que caracterizó a las iglesias pentecostales de la región andina, tanto las de origen foráneo como las denominaciones nacionales, fue ganar adeptos entre las capas pobres de la sociedad y de los sectores sociales marginados y excluidos. Estos sectores sociales encontraron en las iglesias pentecostales una comunidad que los aceptó como iguales y que con sus cultos alegres, festivos y participativos, sintonizaba con elementos de la cultura popular comunitaria que «celebra la vida por medio de la fiesta» (Villafañe 1996:23). Aciertan entonces los que señalan que en las iglesias pentecostales los pobres y los oprimidos recuperaron la palabra; fueron tratados como seres humanos en igualdad de condiciones; tenían acceso al púlpito y se veían como misioneros; tenían acceso inmediato a la salud; encontraron estructuras que permitieron la realización práctica del sacerdocio universal de los creyentes (Escobar 1999:101); y tuvieron un encuentro inmediato con Dios, sin ninguna forma de intermediación, como ocurría en la Iglesia Católica Romana.

«Ser alguien» (Rivieri 2004:272) y no un «cualquierita» (Kapsoli 1994:14), ser hijos de Dios, fue el status al que los pobres y los oprimidos accedieron en las congregaciones pentecostales, condición que les era negada en la sociedad circundante, en la que usualmente eran tratados como desperdicio social. Sin embargo, este enorme potencial para la transformación social, no fue canalizado para que los pobres y oprimidos que se integraron a las iglesias pentecostales, además de creyentes, sean ciudadanos plenos preocupados por el bien común, la lucha por la justicia, la defensa de la vida de todas las personas y el cuidado de la casa común de toda la familia humana.

Con respecto al aporte social singular del pentecostalismo, tempranamente en la década de 1960, refiriéndose a las iglesias pentecostales que comenzaban a visibilizarse en el suelo latinoamericano, John A. Mackay había afirmado lo siguiente sobre la presencia misionera de este sector significativo de la comunidad evangélica:

> Tenían algo que ofrecer, algo que hizo vibrar a gente aletargada por la monotonía y desesperanza de su existencia. Millones respondieron al evangelio. Sus vidas fueron transformadas y su horizonte fue ampliado: la vida cobró un significado dinámico. La realidad de Dios, Jesucristo y el Espíritu Santo —que previamente no habían sido sino términos sentimentales ligados al ritual y al folklore— cobraron nuevo significado, llegaron a ser medios por

los cuales se comunicaba luz, fortaleza, y esperanza al espíritu humano. La gente se transformó en personas, con una razón por la cual vivir... (Mackay 1965:1439).

Esta realidad explica porqué el mayor volumen de sus adherentes, fueron y son todavía, las familias pobres y en pobreza extrema, las personas marginadas y excluidas como las mujeres, los niños y los inmigrantes. Sin embargo, a pesar de que el mensaje pentecostal sintonizó mejor con las necesidades y las aspiraciones de los pobres y de los marginados y excluidos,[21] este mensaje se quedó en el plano de la liberación de la opresión espiritual. Los pentecostales, difícilmente, se refirieron a las otras formas de opresión que afectaban directamente a los miembros de las iglesias, como la opresión económica, la opresión política y los problemas estructurales de larga data como el racismo y la exclusión social, tan comunes en las sociedades asimétricas y patriarcales de la región andina.

Un balance de su discurso teológico común indica que el mensaje que proclamaron y proclaman todavía, con ligeras variantes o énfasis, tiene un fuerte núcleo cristológico expresado en lo que se ha llamado el patrón cuádruple (Asambleas de Dios, Iglesia Internacional del Evangelio Cuadrangular): Cristo salva, sana, bautiza con Espíritu Santo, y es Rey que viene otra vez. O el patrón quíntuple (para el caso de las iglesias pentecostales de raíz wesleyana como la Iglesia de Dios-Cleveland o la Iglesia de Dios de la Profecía): Cristo salva, sana, santifica, bautiza con Espíritu Santo, y es Rey que viene otra vez. Cualquier congregación o denominación pentecostal de la región andina, reconocería en este patrón, su identidad y teología innegociable que proclama y vive cada día en las diversas realidades en las cuales están insertadas. El problema fue y sigue siendo, sin embargo, que no se reflexionó sobre las dimensiones sociales y políticas de esta cristología. Así, por ejemplo, no se preguntaron: ¿De qué y para qué Cristo salva? ¿Solo del pecado personal? ¿Y los pecados sociales o estructurales? La persona que ha sido justificada por la fe en Jesucristo, ¿debería o no preocuparse por una justicia para todos en su dimensión social y

---

[21] Una investigadora, cuando analiza la presencia pentecostal en el mundo indígena del Ecuador, afirma lo siguiente: «El futuro de las iglesias quichuas, se dirige a la pentecostalización... Las razones que hemos examinado, se encuentran en que el universo indígena, está más ajustado a las prácticas pentecostales» (Andrade 2004:328).

política? ¿Debería o no confrontar a las diversas formas de injusticia institucionalizada?

De otra parte, si bien la mayoría de las iglesias pentecostales tiene en la actualidad una creciente influencia del modelo cultual o litúrgico que propagan las iglesias carismáticas y neopentecostales a través de los medios masivos de comunicación social, todavía existen iglesias pentecostales que siguen el modelo de culto participativo en los cuales todos los creyentes, sin excepción, pueden cantar, predicar, dar testimonio, orar públicamente, y adorar a Dios con exclamaciones como ¡aleluya! ¡Gloria a Dios! Esta parece ser la razón que ha llevado a un estudioso de este tema a afirmar que la fe pentecostal puede ser considerada como una forma popular de protestantismo o protestantismo popular (Escobar 1999:73–76) y que «el movimiento pentecostal es una expresión contextual y popular del protestantismo del siglo dieciséis, surgida en el mundo de pobreza tanto en Norteamérica y Europa como en América Latina» (Escobar 1999:101).

Es interesante resaltar además que las iglesias pentecostales valoran y promueven el ministerio de la mujer como pastoras, en la obra misionera y en el servicio a la comunidad. Siendo esta característica bastante valiosa en términos de equidad y de justicia, si se la compara con el lugar periférico o marginal que tienen las mujeres en otras iglesias evangélicas, su acceso al liderazgo ha sido limitado a los puestos secundarios o intermedios. En la mayoría de las iglesias pentecostales, difícilmente, una mujer puede llegar a ser ministro ordenado u ocupar la posición más alta en la estructura de las denominaciones.[22] Dicho de otra manera, la nivelación que produce el Espíritu o la democracia que el Espíritu crea con su presencia liberadora, cuando bautiza e imparte dones a varones y a mujeres en igualdad de condiciones, no se ha reflejado en la práctica cuando se trata de democratizar, desconcentrar y compartir el poder. La mentalidad y práctica patriarcal y machista todavía predomina en la mayoría de las iglesias pentecostales.

Finalmente, si bien indirectamente contribuyen a la lucha contra la marginación, la exclusión y la pobreza, cuando los pobres y a los oprimidos se convierten en sujetos y protagonistas, caminando así

---

[22] La excepción es la Iglesia Cuadrangular que, siguiendo el ejemplo de su fundadora Aimee Semple McPherson, reconoce a las mujeres como ministros ordenados y ellas pueden ocupar los cargos directivos más altos.

a contracorriente de las sociedades asimétricas que les niegan esa posibilidad; su visión pesimista del mundo y su marcado «apoliticismo», además de aquietar su conciencia social y política, convierte a los creyentes en extraños en su propia tierra, con una pobre conciencia ciudadana, y sin mayor interés por transformar las estructuras de injusticia y opresión que también les afecta a ellos.

Lo que ha faltado a los pentecostales de la región andina es que comprendan que la cristología que afirman y proclaman tiene una dimensión social y política. Le ha faltado comprender, además, que las situaciones de pobreza, pobreza extrema, marginación y exclusión, si bien pueden tener una explicación espiritual, son también problemas humanos que tienen causas estructurales, como el racismo y la exclusión, así como otras formas de injusticia legalizada tan comunes en la región andina. Los pentecostales de la región andina no se percataron entonces que, aparte de denunciar el pecado personal o individual, tenían que combatir también con la misma energía, pasión y militancia, el pecado social y la violencia estructural que afecta por igual a creyentes y a no creyentes.

Ciudadanía y vida pública

Una lectura panorámica de la conducta pública de los creyentes, líderes y pastores de las iglesias pentecostales de la región andina indica que su relación con el Estado y con la sociedad civil fue y es distante o con escasos puntos de contacto. Las únicas veces que hubo una relación directa con los asuntos públicos fue cuando sus intereses religiosos estaban en juego (libertad de conciencia y de religión) o cuando requerían de algún favor de las autoridades o de las organizaciones de la sociedad civil (exoneraciones tributarias, trámites en las dependencias públicas, defensa de los derechos humanos).[23]

El mundo (el Estado y la sociedad civil) en la teología pentecostal mayoritaria está considerado como malo, perverso y que va camino a la destrucción. En consecuencia, según ellos, los hijos de Dios tienen que apartarse de todo lo mundano, concentrarse en rescatar almas del infierno, y predicar un evangelio en el cual se abstrae al ser humano de cualquier compromiso con la realidad material en la que están situados.

---

[23] Una experiencia inusual, única y paradigmática, fue la participación de los pentecostales de la sierra del Perú en el proceso de pacificación del país luego de casi dos décadas de violencia (López 2004:92–100). Ver también Osterlund 2001.

Este es, precisamente, uno de los énfasis de la predicación pentecostal: la salvación de almas incorpóreas desconectadas de la realidad histórica en la cual se encuentran y cuyas diversas formas de violencia les afectan directamente como afectan a todos los ciudadanos.

De lo señalado previamente se desprende que, si bien los pentecostales afirman ser ciudadanos de la patria celestial, sin embargo, tienen todavía un déficit enorme de comprensión sobre su ciudadanía plena en la *polis* de la que forman parte. El énfasis mayor del discurso pentecostal que proclaman pastores y miembros recae en la ciudadanía celestial y poco o nada les importa las responsabilidades ciudadanas o los asuntos de la agenda pública. Los derechos ciudadanos solo los enfatizaron y pelearon por ellos, cuando peligraba la libertad de conciencia y de religión, o cuando se debatían los problemas de ética sexual en el espacio público (aborto, matrimonio civil igualitario). Esto es lo que viene ocurriendo actualmente en la región andina y, en este asunto, las palabras y las acciones públicas de los pastores y de los líderes pentecostales, sintonizan muy bien con el discurso religioso-político de los sectores más conservadores de la jerarquía católica romana.[24]

La ciudadanía en la *polis* o el ejercicio ciudadano de los pentecostales, durante todas estas décadas, se limitó a la participación de los creyentes en los procesos electorales periódicos dando su voto a los candidatos de su preferencia que usualmente fueron los representantes de los partidos políticos más conservadores o de la derecha política. Los pentecostales, difícilmente comprendieron y comprenden que la ciudadanía plena implica exigir acceso a la información, transparencia en la gestión y rendición de cuentas de los funcionarios públicos y fiscalización del uso de los fondos públicos. Una lectura sesgada de Romanos 13 les condujo a afirmar que los creyentes les deben sumisión absoluta a las autoridades temporales y que los gobernantes tienen que ser honrados

---

[24] Aunque existe un sector minoritario de pastores y líderes pentecostales que si tienen una preocupación por los asuntos sociales y políticos, y que están activos en la defensa de los derechos humanos y en la lucha contra la pobreza, la marginación y la exclusión. Este sector minoritario está conformado por pastores y líderes que estudiaron en seminarios teológicos interdenominacionales más abiertos a discutir los temas de la agenda pública, miembros de las iglesias pentecostales que fueron a la universidad y que tienen experiencia de trabajo interdenominacional en los grupos vinculados a la Comunidad Internacional de Estudiantes Evangélicos (Asociación de Grupos Evangélicos Universitarios del Perú-AGEUP, Comunidad Cristiana Universitaria-CCU de Bolivia, Comunidad de Estudiantes Cristianos del Ecuador-CECE) y en los núcleos peruano, ecuatoriano y boliviano de la Fraternidad Teológica Latinoamericana-FTL.

como instrumentos de Dios, cualquiera sea la naturaleza e intención de sus acciones políticas. Esta lectura sesgada de la relación Iglesia-Estado explica porqué, con frecuencia, simpatizan y han apoyado a los regímenes dictatoriales y apoyan el discurso y la práctica política de los sectores más conservadores de la sociedad, sean estos evangélicos o no evangélicos.

El discurso teológico pentecostal, en la mayoría de los casos, contribuyó a aquietar a las personas que se integraron a sus filas, secuestró ideológicamente a los pobres y a los excluidos, y redujo la misión de la iglesia al incremento numérico y a la salvación de almas. Aunque el crecimiento numérico de las iglesias pentecostales las convirtió en poco tiempo en la primera fuerza dentro de la comunidad evangélica y en la segunda fuerza religiosa después de la Iglesia Católica Romana en la región andina; sin embargo, este incremento numérico, no produjo ninguna transformación social significativa en beneficio de los pobres y de los excluidos, precisamente, el mayor componente de la membrecía de las iglesias pentecostales. Esta es, como ya se ha señalado, la deuda pendiente que tienen las iglesias pentecostales con los pobres y los excluidos de la región andina de América Latina.

Para seguir pensando

¿Qué hizo falta? Una forma de responder a esta pregunta es abordar el tema de la cristología pentecostal. Aunque en otros momentos se ha mencionado este insumo clave de la teología pentecostal, sin embargo, siempre será necesario subrayarlo con insistencia. ¿Qué hizo falta entonces? Hizo falta comprender, afirmar, proclamar y vivir la dimensión más social y política de esta cristología. Un examen del discurso teológico básico y de la conducta ciudadana de los pentecostales da cuenta de que su cristología fue más individualista y tuvo fuerte una tendencia a la privatización de la fe. Esta fue la herencia que le dejó el pentecostalismo en su versión estadounidense que trajeron los misioneros vinculados estrechamente con el fundamentalismo manufacturado en los Estados Unidos de Norteamérica. Los pentecostales de la región andina tienen que plantearse entonces cuestiones vitales y críticas como las siguientes a la luz de su cristología:

a) Proclamar que Cristo salva implica pensar en preguntas como, ¿en qué realidad histórica y para qué acciones en beneficio del prójimo indefenso y necesitado, Cristo salva? Es decir, los pentecostales necesitan comprender que la persona que ha sido justificada por la fe en Jesús, habiendo sido liberada de toda forma de opresión, tiene que estar comprometida con la justicia social y el bien común, y tiene que ser agente de transformación social.

b) Proclamar que Cristo sana implica afirmar que los pobres y los excluidos tienen acceso directo a la salud, dentro de una sociedad que les niega o les dificulta ese derecho humano fundamental. Implica afirmar que Cristo se preocupa por todas las necesidades humanas. Este ingrediente del evangelio pentecostal es entonces una crítica pública a todos aquellos que, desde sus posiciones de poder, tienen poco o ningún interés en la salud integral de los pobres y de los excluidos.

c) Proclamar que Cristo santifica implica dejar a un lado aquella perspectiva teológica individualista que entiende la santidad solamente como un llamado a ser *buena gente* o una *persona decente*, olvidándose que la persona santa está llamada a tener una preocupación genuina por la condición social en la que vive el prójimo indefenso; es decir, exige la práctica de una santidad social.

d) Proclamar que Cristo bautiza con el Espíritu Santo implica afirmar de manera categórica que la defensa de la vida, particularmente la dimensión social política de la misma, es una forma legítima de vivir en el Espíritu. Quien ha sido bautizado con el Espíritu, está llamado a amar la vida, y por eso mismo, está llamado a valorarla y a defenderla de toda forma de violencia.

e) Proclamar que Cristo viene otra vez tiene una connotación social y política concreta, ya que relativiza a los poderes humanos. Los pentecostales no deben olvidar que proclamar que Cristo viene, no les tiene que hacer ciudadanos irresponsables o convertirlos en sujetos enajenados de la realidad social y política en la que viven, sino que los debe conducir a insertarse en esa realidad como embajadores de la reconciliación, artesanos de la paz, defensores de la verdad en un mundo de mentiras y de medias verdades, y en profetas de la justicia de Dios.

De esa manera, comprendiendo mejor los alcances sociales y políticos de su cristología, su presencia misionera en la región andina y su relación con los diversos públicos con los cuales interactúan, puede ser diferente y coadyuvar a la transformación de las condiciones de vida de los pobres y de los excluidos que siguen siendo todavía el grueso de la composición social de las iglesias pentecostales.

Lo mismo se puede afirmar con respecto a su soteriología (basada fuertemente en su cristología) y escatología. Antes que una perspectiva individualista, la salvación tiene que entenderse como la liberación de toda forma de opresión, para que la persona que ha sido justificada y santificada, rompa con las estructuras mentales, sociales, políticas y culturales que mantienen subyugados a los seres humanos. Así, los creyentes pentecostales estarán mejor informados y preparados para que, además de ser buenas personas y buenos vecinos, sean ciudadanos preocupados por el bien común y la lucha por la justicia social. Con respecto a su escatología, se tiene que precisar que más que diferir la esperanza cristiana al más allá o al cielo prometido, la esperanza cristiana tiene que ser el motor que impulse a los creyentes a trabajar por un mundo mejor aquí y ahora, sin que esto signifique desconocer que el creyente espera cielo y tierra nueva donde more la justicia.

Finalmente se tiene que subrayar que las iglesias pentecostales de la región andina, como un sujeto religioso cada día más visible debido al volumen creciente de su membrecía, tienen que ser conscientes del peso social y político que actualmente poseen, debido a su presencia en las zonas populares y al caudal electoral que representan. Y, por eso mismo, tienen que mirar más allá de las cuatro paredes del templo, pensar como ciudadanos, y ensanchar su horizonte misionero para que su presencia en la vida pública sea más visible, profética, proactiva y transformadora. ¿Cómo? Comprendiendo que la misión cristiana en el mundo tiene que ser necesariamente integral. Ya que, cuando la misión de la iglesia se limita casi exclusivamente a la proclamación verbal del evangelio, desconectada de una preocupación por las buenas obras y la justicia social, tendrá quizá como fruto visible a buenas personas o a buenos vecinos, con una ética privada destacada, pero con una ética pública pobre, deficiente y poco útil para la transformación social. Es necesario que los pentecostales y, especialmente los pastores y líderes, comprendan que un evangelio mutilado, dedicado a la salvación de almas incorpóreas, desenchufado de la realidad histórica, jamás tendrá como producto final ciudadanos ejemplares. Ciudadanos ejemplares preocupados por el bien común y comprometidos con acciones concretas de lucha contra la pobreza, defensa de los derechos humanos, cuidado responsable de nuestra casa común, protección de los sectores sociales indefensos y lucha por una democracia en la que todos los ciudadanos tengan igualdad de oportunidades.

Mirando el futuro

Si la tendencia actual en América Latina se mantiene, el campo religioso se irá diversificando, y el mapa religioso se alterará significativamente. La Iglesia Católica Romana seguirá perdiendo el predominio que tiene en el campo religioso de la región andina, las iglesias pentecostales seguirán creciendo hasta llegar a un techo que no se puede predecir en este momento y, en conjunto, continuarán siendo la fuerza mayor y gravitante de toda la comunidad evangélica. Sin embargo, todo lo señalado hasta este momento parece indicar que el pentecostalismo en la región andina difícilmente será un actor religioso comprometido orgánicamente en la búsqueda de la justicia social, en la defensa de los derechos humanos, en la lucha contra la pobreza y la pobreza extrema, y en la búsqueda de prácticas ciudadanas que contribuyan al fortalecimiento de las instituciones democráticas. El apego de su liderazgo a la agenda política-religiosa de los grupos religiosos afines a la derecha religiosa estadounidense y bastante activos en la región andina, la instrumentalización de la membrecía de las iglesias pentecostales para favorecer a los candidatos de la derecha política o a los pastores y líderes que afirman tener una vocación divina para la vida política, y sus vínculos pragmáticos con el sector más conservador de la Iglesia Católica Romana, apuntan en esa dirección y lo alinean con los sectores más conservadores de la comunidad política peruana, boliviana y ecuatoriana.

Un cambio de dirección en su preocupación social y política que ayudaría a posicionarles como un actor social relevante y con voz propia en la vida pública, puede venir de los sectores más concientizados políticamente, con estudios universitarios, con experiencia de trabajo interdenominacional y con relaciones sociales que van más allá de la frontera religiosa que, paso a paso, van accediendo al liderazgo intermedio o a los cargos administrativos más altos de las estructuras de las iglesias pentecostales. Puede venir también de un sector creciente de pastores e iglesias de los barrios populares que están vinculados con los movimientos sociales que luchan, día a día, para que la equidad, la justicia y la igualdad de oportunidades para todos los ciudadanos, más que un discurso político o una promesa electoral transitoria, sea una realidad en la cotidianidad de las relaciones sociales y políticas. Habría que esperar entonces, si efectivamente el liderazgo pentecostal es asumido por los sectores más progresistas o más abiertos a tratar los temas de la agenda pública, con respeto y tolerancia por quienes piensan diferente, para que el rostro público de la comunidad pentecostal sea completamente distinto al que actualmente tiene en los países de la región andina.

Tendría que ser así porque el pentecostalismo está vinculado estrechamente con los sectores históricamente postergados, marginados y excluidos de la región andina; su misma composición social indica que estos sectores son la inmensa mayoría del pueblo pentecostal que, como las otras personas y familia pobres, comparten las mismas expectativas sociales y políticas. Esta realidad innegable debería ser entonces, desde la base de una comprensión más integral de la misión cristiana y del discipulado radical que está en el corazón del pentecostalismo, razón suficiente para que las iglesias pentecostales se preocupen por las necesidades materiales concretas (alimentación básica, educación de calidad, acceso a la salud, vivienda digna, salario justo, entre otras necesidades) de los pobres, los oprimidos, los marginados y excluidos que forman parte del pueblo pentecostal y que son su expresión mayoritaria tanto en las grandes urbes como en los pueblos más alejados de los centros de poder. Más aun, debería ser razón suficiente para que los pentecostales luchen activamente buscando que todas las personas, creyentes y no creyentes, sean tratados como ciudadanos con iguales derechos, deberes y oportunidades, como corresponde en un sistema democrático orientado al bien común y que busca consolidarse como tal.

Capítulo 4

Cristo sana... ¡aquí y ahora!

La sanidad divina
y la misión liberadora de Jesús

Introducción

Las iglesias pentecostales, históricamente, han afirmado que la sanidad divina forma parte del evangelio completo expresado en el patrón cristológico: Cristo salva, Cristo sana, Cristo santifica, Cristo bautiza con Espíritu Santo y es Rey que viene otra vez.[25] Estos temas cristológicos acompañaron su presencia e inserción misionera en diversas regiones del mundo, entre ellas, América Latina y el Caribe de habla hispana. En palabra de un autor:

> Quizás más característico del pentecostalismo que la doctrina del Espíritu Santo sea el hecho de llevar a cabo milagros de sanidad divina como parte de la salvación de Dios y como evidencia de la presencia del poder divino en las iglesias (Dayton 1991:77).

---

[25] Acerca del evangelio pentecostal o del evangelio completo existen dos puntos de vista en el movimiento pentecostal. Denominaciones pentecostales como la Iglesia de Dios (Cleveland) que creen en tres obras de gracia (conversión, santificación y bautismo en el Espíritu Santo) afirman el evangelio quíntuple: Cristo salva, sana, santifica, bautiza con Espíritu Santo y es Rey que viene otra vez. Y denominaciones pentecostales como las Asambleas de Dios que creen en dos obras de gracia (unen la conversión y la santificación en una obra acabada y en un posterior bautismo del Espíritu Santo) afirman el evangelio cuádruple: Cristo salva, sana, bautiza con Espíritu Santo y es Rey que viene otra vez. Ante esta diferencia de puntos de vista, autores como Donald Dayton que han rastreado las raíces teológicas del pentecostalismo, consideran que el llamado patrón cuádruple parece representar mejor la tradición común del pentecostalismo (Dayton 191:123).

Un atento observador que participe en una iglesia pentecostal en cualquier lugar del mundo, notará que, en efecto, durante el culto, el pastor invita a los enfermos a pasar al altar y, luego de imponerles las manos para orar por sanidad, no es extraño escuchar testimonios de sanidad divina casi de inmediato. Para un pentecostal no es nada extraño ni fuera de lugar, afirmar que la oración por sanidad divina es una dimensión central en el culto, cualquiera sea la realidad social, política, religiosa y cultural en las que las iglesias pentecostales se hayan asentado. La sanidad divina es uno de los ejes centrales del evangelio pentecostal y una práctica recurrente en el culto pentecostal valorado como La Fiesta del Espíritu.

El culto es entonces el laboratorio colectivo en el que se produce la teología pentecostal. Literalmente es una fiesta del Espíritu participativa, dialogante, espontánea, en la que todos son actores y nunca están pasivos. En esta fiesta colectiva —no privada— decir, ¡Gloria a Dios! ¡Aleluya! ¡Alabado sea el Señor!, más que exclamaciones ocasionales o esporádicas, son palabras que brotan de corazones agradecidos que confiesan la realidad de la presencia de Dios en el día a día de la vida. Es así, porque en la fiesta del Espíritu todos tienen cabida, todos son tratados como iguales, y todos tienen las mismas posibilidades de ser actores en el culto y en la misión. En el culto pentecostal se rompen entonces las prácticas patriarcales y estamentales que caracterizan a la sociedad circundante, porque la comunidad pentecostal es una comunidad de igualados o nivelados por el Espíritu de vida. Y es así porque:

> ...todos son a la vez productores calificados y consumidores del discurso religioso. Por tanto, ofrece a los sencillos una experiencia religiosa en que pueden ser sujetos y no meros objetos... [El pentecostalismo ofrece un] tipo de comunidad abierta, acogedora y participativa (Sepúlveda 1992:86).

El culto pentecostal es entonces:

> ...el lugar de liberación personal de los creyentes y una afirmación de su status en la sociedad... Pero, sobre todo, es el lugar de la manifestación del Espíritu, el creyente se encuentra con el Espíritu aquí como en ningún otro lugar (Villafañe 1996:131–132).

Existe, sin embargo, un problema irresuelto todavía. A pesar de que la afirmación Cristo sana constituye una buena noticia para los cientos de pobres y excluidos que escuchan el mensaje pentecostal y que no tienen acceso inmediato a los servicios de salud pública, la sanidad divina ha sido comprendida exclusivamente como la sanación física del individuo. Es decir, no se percibe que la sanidad divina tiene también una dimensión liberadora concreta. En otras palabras, cuando Cristo sana a las personas, además de la recuperación de su salud física, las libera también de los prejuicios sociales que los habían convertido en seres humanos indeseables para la gente «normal» y del sistema de salud pública que los considera como una «carga social» para el Estado o como un «desperdicio social».

¿Que indica lo señalado previamente? Que los pentecostales latinoamericanos y caribeños, cuando proclaman que Cristo sana, debido a la urgencia de que este mensaje sea proclamado a tiempo y fuera de tiempo, no han reflexionado suficientemente sobre la dimensión liberadora de la sanidad divina. Ha sido así durante todos estos años porque los proclamadores del mensaje pentecostal no se han preocupado por responder directamente a preguntas claves como las siguientes: ¿De qué exactamente sana Cristo? ¿Sólo de la salud física? ¿Para qué sana Cristo? ¿Solo para ser agradecidos o también para luchar por la salud moral y ética de las sociedades en las que los pentecostales dan testimonio del amor y de la justicia de Dios? ¿Cómo se relaciona la sanidad divina con la misión integral de la iglesia en un contexto en el que miles de seres humanos sufren las consecuencias de la injusticia institucionalizada o de la violencia legalizada?

En este capítulo, teniendo en cuenta este déficit del movimiento pentecostal, nos concentraremos en un examen de la comprensión pentecostal de la sanidad divina, dándole una atención especial a la dimensión liberadora de la misma. Para explicar mejor nuestra comprensión del tema se ha dividido el presente capítulo en tres secciones interrelacionadas entre sí. Examinaremos en primer lugar la enseñanza bíblica sobre la sanidad divina, con especial énfasis en el Nuevo Testamento. Seguidamente, para situar nuestro tema en el contexto particular en el que las iglesias pentecostales están presentes, discutiremos dos asuntos claves: i) la situación de pobreza material y exclusión social en la que se encuentran las personas que escuchan el mensaje pentecostal de sanidad divina; ii) la relación que parece existir entre la cosmovisión de los pueblos andinos y el discurso teológico pentecostal sobre la sanidad divina. Finalmente, a modo de conclusión, precisaremos nuestra comprensión de la dimensión liberadora de la sanidad divina como una dimensión central del evangelio completo que en el lenguaje pentecostal se expresa con en un patrón cristológico: Cristo salva, Cristo santifica, Cristo sana, Cristo bautiza con Espíritu Santo, y Cristo es Rey que viene otra vez.

La sanidad divina en perspectiva bíblica

Habiendo señalado que la sanidad divina es un eje central del mensaje y de la práctica misionera pentecostal, expondré en esta sección mi punto de vista sobre la enseñanza bíblica sobre este tema, concentrándome especialmente en el Nuevo Testamento,[26] y teniendo en cuenta la advertencia de Donald Dayton:

> Las raíces de esta enseñanza son complejas y difíciles de remontar, en parte por el problema de distinguir entre las supersticiones de la piedad popular, la tendencia de los cristianos de todos los tiempos de rogar por la liberación de las angustias y el infortunio, y la variedad de doctrinas bien enunciadas acerca de la posibilidad de sanidad divina en respuesta directa a la fe del creyente (Dayton 1991:77).

Hecha esta precisión, se tiene que subrayar que desde su emergencia en el escenario religioso mundial a fines del siglo diecinueve o a inicios del siglo veinte,[27] las iglesias pentecostales de distinto trasfondo histórico y teológico, fueron simultáneamente restauracionistas y escatológicas (Land 1997:18). Afirmaban que Dios estaba restaurando la fe y el poder apostólico para los últimos tiempos a través de las señales y maravillas (Land 1997:18). La restauración de la sanidad divina era, según su punto de vista, una de estas señales y maravillas.

A la luz de esta comprensión de la acción de Dios en la vida de las personas, para los pentecostales, no fue ningún problema sostener que Dios es nuestro sanador (Sal 103.3; Hch 3.12–16). Tampoco

---

[26] Esto no quiere decir que desconozca los casos de sanidad que se registran en el Antiguo Testamento como la sanidad de Miriam (Nm 12.9–16), Jeroboam (1R 13.4–6), el hijo de la viuda de Sarepta (1R 17.17–24), el hijo de la mujer sunamita (2R 4.1–37), el leproso Naamán (2R 5.8–14) y Ezequías (2R 20.1–11).

[27] Denominaciones pentecostales como la Iglesia de Dios (Cleveland) remontan sus orígenes hasta 1886 cuando se llamaba Christian Union y otras denominaciones pentecostales se vinculan históricamente a la experiencia de Azuza Street en los primeros años del siglo veinte.

fue un problema, siguiendo al profeta Isaías, afirmar que por las llagas del Siervo Sufriente (Cristo) fuimos sanados (Is 53.4–5). Esto explica por qué, tanto en las prédicas como en los testimonios de los pastores y creyentes pentecostales, es bastante frecuente escuchar una actualización de este pasaje del profeta Isaías como una promesa para los creyentes de todos los tiempos. Una actualización que se reafirma cuando se tiene en cuenta el relato del evangelio de Mateo sobre la sanidad de la suegra de Pedro en el que se conecta esa sanidad con las palabras del profeta Isaías: «… El mismo tomó nuestras enfermedades, y llevó nuestras dolencias» (Mt 8.17; cf. Is 53.4). Esta actualización se corrobora, además, con las palabras de Pedro, cuando se refiere a la obra de Cristo, con una clara referencia al pasaje de Isaías 53.5: «…por cuya herida fuisteis sanados» (1P 2.24).

La referencia al Siervo Sufriente de Isaías, para fundamentar la enseñanza pentecostal sobre la sanidad divina, se nota claramente en la Declaración de Fe de la Iglesia de Dios (Cleveland), una de las denominaciones más representativas del pentecostalismo clásico o histórico. Además de pasajes como el Salmo 103.3 y Santiago 5.14–16, la Iglesia de Dios (Cleveland), utiliza Isaías 53.4–5 en clara conexión con Mateo 8.17 y 1 de Pedro 2.24, como fundamento para su afirmación: «Creemos… Que la sanidad divina es provista para todos en la expiación» (Declaración de Fe, punto 11).

La frecuente utilización de Isaías 53.4–5 en los cultos pentecostales, para la enseñanza sobre la sanidad divina, así como la utilización de Mateo 8.17 y 1 de Pedro 2.24, cuya conexión son Isaías 53 es bastante clara, puede explicar el siguiente comentario de un pastor pentecostal:

> …[En] más de una Constitución Eclesiástica de las iglesias pentecostales en los artículos correspondientes, hay declaraciones expresas respecto a la sanidad divina como un privilegio de todo creyente en la obra del Siervo, pues, «por sus llagas fuimos nosotros curados» (Is 53.5). Esta declaración es no sólo una enunciación sino un hecho real en la vida de todo feligrés que confiese a Cristo Jesús (Torres 1995:127).

Además de Isaías 53.4–5, otro pasaje bíblico utilizado con frecuencia en los círculos pentecostales para la enseñanza de la sanidad divina, como una de las señales y maravillas que Dios ha restaurado, antes del retorno premilenial de Cristo, es Santiago 5.14–16 (Dayton 1991:77–97). ¿Por qué este pasaje del Nuevo Testamento fue clave para el surgimiento del movimiento de sanidad divina y para su posterior incorporación como uno de los ejes medulares del evangelio pentecostal? Según Christopher Thomas:

> De hecho, de los varios pasajes del Nuevo Testamento que se refieren a la sanidad divina, este es el único que describe el proceso que se tiene que seguir. Este pasaje explicita el hecho de que, en cierta forma, pecado y enfermedad, tienen alguna conexión. Santiago asume que la sanidad de la enfermedad física es una dimensión esperada y continua de la vida en comunidad (Thomas 2002:17).

¿Qué podríamos concluir de este breve repaso de la enseñanza pentecostal sobre la sanidad divina? Aquí resultan muy útiles las palabras de un investigador del movimiento pentecostal primigenio:

> La doctrina de la sanidad basada en la muerte expiatoria de Cristo en la cruz fue prominente en el siglo diecinueve. Esta doctrina descansa principalmente en una interpretación literal de 1 Pedro 2.24… La doctrina da cuenta de la conclusión lógica de que, si una persona tiene suficiente fe para ser justificada y santificada, tiene también suficiente fe para ser sanada (Faupel 1996:29).

¿Qué más se menciona en los documentos del Nuevo Testamento sobre la sanidad divina y qué pueden explicar la enseñanza y la práctica pentecostal? De acuerdo al testimonio de los evangelios, la irrupción del reino de Dios en el seno de la historia, tenía como señales visibles la sanidad de los enfermos y la liberación de los posesos (Mt 4.23–24). Marcos (Mr 1.32–34) y Lucas (Lc 4.40–41) en sus evangelios indican lo mismo sobre la misión liberadora de Jesús. Ambos enfatizan que una señal concreta de la presencia del reino de Dios era la sanidad de las personas que padecían de diversas enfermedades y la liberación de las personas poseídas por el demonio.

Aparte de los evangelios sinópticos, en el caso del evangelio de Juan, de las siete señales que se registran en este documento del Nuevo Testamento, tres de ellas son sanidades de personas enfermas: la sanidad del hijo de un noble (Jn 4.43–54), la sanidad del paralitico de Betesda (Jn 5.1–18) y la sanidad de un ciego de nacimiento (Jn 9.1–41).

Relacionando la información de los cuatro evangelios, con respecto a la sanidad de las personas enfermas, se puede afirmar que la misión liberadora de Jesús, sanando enfermos y liberando a endemoniadas, respondía directamente a lo anunciado en su plataforma mesiánica presentada públicamente en la sinagoga de Nazaret (Lc 4.16–30). En el relato lucano se puntualiza que Jesús había venido a «predicar el año agradable del Señor», es decir, había venido a proclamar el tiempo de liberación o el jubileo. En palabras de René Padilla:

> Al comienzo de su ministerio, en su manifiesto sobre su misión anunciado en la sinagoga de Nazaret, lee la profecía de Isaías 61.1–2 y afirma que el día del cumplimiento ha llegado… Con el Antiguo Testamento como telón de fondo, Jesús concibe su actitud mesiánica en términos de la instauración del «año favorable del Señor», es decir, el año del jubileo y, consecuentemente, de la reestructuración de la sociedad según los dictados del amor y la justicia (Padilla 2012:267).

Este tiempo de liberación integral que el Mesías Jesús estaba inaugurando, con su persona y misión liberadora, según lo indica también Marcos en su evangelio (Mr 1.14–15), Lucas la reitera cuando registra la respuesta de Jesús a los mensajeros de Juan el Bautista (Lc 7.21–22). René Padilla, sobre la respuesta de Jesús a los enviados de Juan el Bautista, acota lo siguiente:

> En el ministerio de Jesús se están cumpliendo las expectativas mesiánicas: sus milagros y proclamación de buenas nuevas a los pobres son señales inequívocas de que Aquél que había de venir en efecto ha venido (Padilla 2012:136).

La misión liberadora de Jesús en beneficio de las personas enfermas, situadas en el contexto cultural y social judío del primer siglo, tenían una significación que iba más allá de la simple sanidad física de las personas enfermas. Para comprender mejor las acciones liberadoras de Jesús, se debe tener en cuenta la condición social, cultural y religiosa que tenían las personas enfermas en el mundo judío del primer siglo. En ese tiempo, los enfermos de todo tipo, junto con los cobradores de impuestos, las mujeres, los samaritanos y los niños, formaban parte de los sectores sociales marginados y excluidos, condenados al estercolero de la historia. Al respecto, las palabras de Donald Senior cuando comenta sobre el evangelio de Lucas, son bastante elocuentes:

> Jesús ofrece su amistad y se sienta a la mesa con recaudadores de impuestos y con pecadores. Más que ningún evangelista, san

> Lucas acentúa la asociación y trato de Jesús con las mujeres,
> derribando así —para asombro de todos— una barrera social y
> religiosa impuesta por la sociedad patriarcal de sus días. El Jesús
> lucano está abierto a los que «oficialmente» quedan al margen,
> como el centurión gentil… y los samaritanos… Jesús se llega a los
> leprosos… y la solicitud por los pobres es tema constante de su
> predicación… (Senior 1985:354).

Durante el ministerio itinerante de Jesús por las ciudades y aldeas
(Lc 8.1) se destaca entonces que la sanidad de los enfermos formaba
parte del propósito de Dios de liberar a los seres humanos de todas las
opresiones. Las personas enfermas que se encontraban con Jesús en
cierto trecho del camino, sanaban no solamente de la enfermedad que
les aquejaba, sino también experimentaban una «resurrección» social
y, como consecuencia de esa realidad, se reinsertaban en la sociedad y
recuperaban su valor y dignidad como personas creadas a la imagen de
Dios. Esta actividad sanadora de Jesús pone de manifiesto su compasión
por los enfermos y los oprimidos de todo el mundo. Pone de manifiesto,
además, que la sanidad divina tiene una dimensión liberadora integral.

¿En qué nos basamos para afirmar que la sanidad divina tiene
una dimensión liberadora integral que va más allá de la sanidad física
de una persona enferma? Las experiencias de sanidad registradas en
los evangelios destacan esa realidad. Ocurrió así, por ejemplo, con la
suegra de Pedro (Mt 8.14–17, Mr 1.29, 34; Lc 4.38–39), un leproso
(Mt 8.1–4; Mr 1.40–45; Lc 5.12–16), un paralítico (Mt 9.1–8; Mr 2.1–
12; Lc 5.17–26), el hombre de la mano seca (Mt 12.9–14; Mr 3.1–6;
Lc 6.6–11), el siervo del centurión (Mt 8.5–13; Lc 7.1–10), la mujer
que padecía de flujo de sangre (Mt 9.20–22; Mr 5.25–34; Lc 8.43–48),
el sordomudo (Mr 7.31–37), el ciego de Betsaida (Mr 8.22–26), el
muchacho lunático (Mt 17.14–21; Mr 9.14–29; Lc 9.37–43), la mujer
encorvada (Lc 13.10–17), el hombre hidrópico (Lc 14.1–6), los diez
leprosos incluido un samaritano (Lc 17.11–19), el ciego de Jericó (Mt
20.29–34; Mr 10.46–52; Lc 18.35–43), el paralítico de Betesda (Jn
5.1–18) y el ciego de nacimiento (Jn 9.1–41). Aparte de estos casos, los
evangelios sinópticos registran también otras experiencias de sanidad,
pero sin dar información precisa sobre las personas que fueron sanadas
(Mt 8.16–17; Mr 1.32–34; Lc 4.40–41).

De la lectura de todos estos pasajes queda claro que todas estas
experiencias de sanidad ocurrieron en personas que formaban parte del

mundo de los marginados y excluidos en la sociedad judía del primer siglo: mujeres, samaritanos, siervos y enfermos de todo tipo. En todos estos casos, además de la sanidad física, se dio una recuperación de la dignidad humana de estas personas, ya que, debido a los prejuicios sociales y culturales de ese tiempo, estaban puestas a un costado y condenadas al ostracismo social. Pero, ¡Jesús las liberó integralmente! ¡Resucitó socialmente a todas estas personas!

¿Qué se puede afirmar a la luz de toda esta información de los evangelios? Que la sanidad de estas personas expresa claramente que el propósito de Dios apunta a la liberación integral de los seres humanos, es decir, a terminar con toda forma de opresión que los deshumaniza y cosifica, rebajando su condición de imagen de Dios. Se puede afirmar entonces que la misión liberadora de Jesús tiene como horizonte concreto revertir el destino de los marginados y excluidos como los enfermos (mujeres, samaritanos, enfermos de todo tipo). En otras palabras, cuando los frágiles de la sociedad como los enfermos, se encuentran con el Dios de la vida, su vida experimenta una completa transformación. Cambia no solamente su condición física, sino también su condición humana y su calidad de vida, porque el Dios de la vida les transmite un amor por la vida que ningún poder humano (político, económico o religioso) les puede arrebatar. Luego de experimentar el poder liberador del Dios de la vida, los frágiles de la sociedad se integran a la nueva sociedad que Dios está forjando en Jesucristo, una nueva sociedad cuya composición social es en sí una crítica frontal a la sociedad estamental de todos los tiempos.

En otros documentos del Nuevo Testamento se insiste también sobre lo mismo. Hechos de los Apóstoles, por ejemplo, cuando se refiere a las señales, maravillas y prodigios que se realizaban por mano de los apóstoles y de los primeros misioneros cristianos, incluye entre ellas la sanidad de los enfermos. En Hechos 2.43 se menciona «que muchas maravillas y señales eran hechas por los apóstoles». Y, seguidamente, se da cuenta de una de estas maravillas y señales: la sanidad del cojo de nacimiento (Hch 3.1–10). Más adelante, cuando los judíos helenistas son perseguidos y se esparcen por diferentes lugares, se menciona que la experiencia misionera de Felipe en Samaria incluía la sanidad de los enfermos y la liberación de los posesos (Hch 8.6–7).

En la experiencia misionera de Pedro se observa la misma realidad. La sanidad de una persona paralítica en la región de Lida, Eneas, da cuenta de ello (Hch 9.32–25). La experiencia misionera de Pablo en el mundo no judío indica asimismo que la sanidad de los enfermos, como una señal concreta de la presencia del reino de Dios, fue una práctica recurrente en la primera generación cristiana. ¿Cuáles fueron las señales y prodigios que ocurrieron en la ciudad de Iconio según Hechos 14.3? Lucas no proporciona ninguna experiencia particular, sin embargo, cuando relata la experiencia misionera de Pablo y Bernabé en Listra, sí menciona el caso de un cojo de nacimiento que fue sanado (Hch 14.8–10). A la luz de este incidente se puede suponer que algo parecido ocurrió en la región de Iconio. Lo mismo se puede afirmar con respecto a la ciudad de Éfeso en la que Lucas es más preciso en su relato de la actividad misionera del apóstol Pablo que incluía la sanidad de los enfermos y la expulsión de demonios (Hch 19.11–12). Finalmente, durante el viaje de Pablo a Roma como prisionero, cuando naufragan y se quedan en la isla de Malta por un tiempo, Lucas relata la sanidad del padre de Publio, un hombre principal de la isla (Hch 28.8–9).

Este rápido examen indica que los evangelios y Hechos de los Apóstoles dan testimonio de que las experiencias de sanidad divina no fueron un asunto aislado ni extraño en la práctica misionera de Jesús y de las primeras comunidades cristianas. Aunque Pablo en sus epístolas, a excepción del don de sanidad que menciona en 1 de Corintios (12.9, 28), no trata mucho sobre la sanidad divina, esto no significa que fue una experiencia aislada u ocasional, válida solamente para la etapa de expansión de la fe cristiana en el primer siglo. En ese sentido, ayuda mucho reflexionar sobre lo que Pedro escribe en una de sus cartas en la que parece dar a entender que la sanidad divina formaba parte de la catequesis cristiana primitiva (1P 2.24), y en lo que Santiago registra en su carta dando por sentado que se trataba de una práctica usual en las comunidades cristianas a las que él escribe (Stg 5.14–16).

Precisamente, como se ha señalado desde el inicio de nuestra reflexión, los pentecostales en conexión con Isaías 53.4–5, entienden de esa manera 1 Pedro 2.24 y Santiago 5.14–16, afirmando que la sanidad divina forma parte del propósito de Dios de liberar a los seres humanos de todas las opresiones que los mantienen postrados y que desfiguran su dignidad humana. Opresiones que no les permiten disfrutar la vida plena que Dios les ofrece en Jesucristo y por el poder del Espíritu.

Luego de este examen panorámico de los pasajes del Nuevo Testamento que tratan de la sanidad divina y, para conectar nuestra reflexión sobre este tema con el contexto histórico en el que los pentecostales (especialmente peruanos) predican y enseñan acerca de la sanidad divina, discutiremos brevemente sobre dos problemas concretos que tienen que enfrentar cotidianamente en los lugares en los cuales predican el evangelio completo.

El contexto de misión

De los muchos asuntos que podrían interesarnos del contexto histórico concreto en el que las iglesias pentecostales proclaman el evangelio completo que incluye la sanidad divina (el subempleo y el desempleo, la desnutrición infantil, la violencia contra la mujeres, el incremento de la deserción escolar, la corrupción, la impunidad, entre otros), debido a su conexión más cercana con el tema de la sanidad divina, se ha escogido la problemática de la pobreza y de la exclusión social así como el examen de los puntos de contacto que parecen existir entre el pentecostalismo y la cosmovisión andina.

Pobreza, pobreza extrema y exclusión social

A pesar de que se han establecido algunas iglesias pentecostales en las zonas de clase media y se hacen intentos de establecer iglesias entre las clases altas, todavía la inmensa mayoría o una abrumadora mayoría de iglesias pentecostales, se encuentran localizadas en las zonas de mayor pobreza en las que no siempre se cuentan con los servicios básicos de agua, desagüe y electricidad. En otras palabras, el pentecostalismo es básicamente un movimiento popular, asentado en el pueblo de a pie, compuesto por personas y familias pobres, inmigrantes y excluidas por el sistema predominante.

La condición de pobreza y exclusión social de la inmensa mayoría de los miembros de las iglesias pentecostales latinoamericanas da cuenta de las múltiples necesidades materiales que tienen en términos de una educación de calidad, trabajo digno, vivienda adecuada, buena alimentación y acceso a los servicios de salud pública. Dentro de esa realidad, el mensaje pentecostal les ofrece a las personas pobres y excluidas, la posibilidad de acceder inmediatamente a la salud, sin tener que pedirle dádivas a un Estado que tiene políticas públicas deficientes para atender las necesidades de salud de los ciudadanos de escasos recursos económicos o del pueblo de a pie.

Los pobres y los excluidos encuentran entonces en las iglesias pentecostales, no solo a una comunidad que los acepta como iguales y los nivela en una sociedad que los considera como sobrantes, sino también un mensaje liberador que los saca de la miseria y los libera integralmente de las opresiones que los deshumanizan y cosifican. En las iglesias pentecostales, los pobres y excluidos, son liberados de una opresión concreta sin pago alguno y sin condiciones: la enfermedad física. En estas iglesias, los pobres y los excluidos recuperan de inmediato la salud, sin costo alguno, y sin tener que hacer largas colas de espera en los hospitales públicos.

Cristo sana... ¡aquí y ahora! Este es el mensaje que predican y enseñan las iglesias pentecostales asentadas en el mundo de los pobres y de los excluidos. Muchos pobres y excluidos que asisten a estas iglesias pueden dar testimonio de que se trata de una realidad que ha tocado directamente sus propias vidas. Ellos dirían: *Cristo sana, porque me ha sanado a mí.* Y cantarían, con gratitud y alegría, como se afirma en el viejo canto pentecostal:

> *Solo el poder de Dios puede cambiar tu ser.*
> *La prueba yo te doy él me ha cambiado a mí.*
> *No ves que soy feliz siguiendo a mi Señor,*
> *nueva criatura soy, nueva soy...*

En una realidad de miseria espiritual, moral y material, los pentecostales tienen que responder también a los otros discursos religiosos que circulan en el mundo de los pobres y de los excluidos. Uno de estos discursos religiosos presente en las comunidades campesinas del mundo andino y que ha sido traído y conservado en las ciudades por los inmigrantes y sus hijos: la cosmovisión andina. ¿Qué desafíos les plantea la cosmovisión andina a las iglesias pentecostales con las cuales parecen tener sintonía en ciertos aspectos de la vida humana?

Pentecostalismo y cosmovisión andina

Para los pentecostales, más polémico y controversial que responder a la problemática de la pobreza y de la exclusión social, es entrar en el terreno del diálogo interreligioso con las religiones andinas que se han visibilizado en años recientes con el surgimiento en el ámbito público de sus sacerdotes (encargados de realizar el pago a la tierra). En países andinos, como Perú y Bolivia, actualmente y con mayor fuerza que antes, las religiones andinas reclaman su derecho a no ser discriminadas en las sociedades democráticas, debido a sus prácticas ancestrales, como la ceremonia de pago a la tierra (*pachamama*) en gratitud por los frutos que produce y que permiten subsistir a miles de excluidos por el sistema. Las otras prácticas ancestrales muy comunes en los pueblos andinos son las de encomendarse a los *apus* (espíritus tutelares de los cerros), de levantar en los caminos *apachetas* (montículos de piedras para invocar la protección de la divinidad), y el uso de la medicina andina (como, por ejemplo, la curación utilizando el cuy o yerbas nativas).

Además de estas prácticas ancestrales, como ha señalado un autor para el caso particular del pueblo aimara de Pilcuyo (Puno, Perú) y que se aplica también para otros pueblos andinos, habría que considerar que las comunidades andinas cuentan:

> …con una larga experiencia de buscar a Dios en su vida y en su historia. Ha[n] heredado de sus antepasados una sabiduría y un estilo de encontrarse con Dios, ha[n] aprendido a reconocer sus huellas y a relacionarse con Él desde una lógica que le es propia (Caram 1997:9–10).

Teniendo en cuenta ese dato particular, como plataforma de diálogo interreligioso con las religiones andinas, puede ser bastante útil reflexionar sobre los puntos de contacto que parecen existir entre las creencias y el ethos de las crecientes y dinámicas iglesias pentecostales, con los valores y las prácticas culturales de las comunidades andinas. La razón descansa en la siguiente reflexión que no se puede soslayar:

> …las religiones primitivas, constituyen el sustrato fundamental de toda experiencia religiosa subsiguiente, proporcionando elementos universales y básicos para la comprensión humana de lo Trascendente y del mundo, percepciones religiosas esenciales y válidas que pueden ser construidas o suprimidas, pero que no pueden ser suplantadas o sustituidas (Bediako 2007:1).

Esto es especialmente importante, porque las iglesias pentecostales son parte del protestantismo popular, el sector mayoritario de la comunidad evangélica en América Latina y el Caribe de habla hispana. Un sector que ha sintonizado con las relaciones humanas que se tejen en el mundo de los pobres y de los excluidos y, entre ellos, los inmigrantes andinos en la ciudad y los pobladores de las comunidades andinas. Además, porque con bastante frecuencia las iglesias evangélicas (y entre ellas las iglesias pentecostales) han considerado que todo lo que existe en la cultura andina es esencialmente malo y no existe nada rescatable en esa realidad, olvidándose que Dios en su revelación general y en su gracia común ha dado a todas las culturas señales de su amor y de su justicia. En otras palabras, la cultura andina como las otras culturas, tienen también elementos positivos que los cristianos evangélicos tenemos que saber reconocer como expresión de la gracia común de Dios. Sin embargo, conviene aclarar también que para nada se está insinuando ni sugiriendo que las iglesias pentecostales y las religiones andinas tengan un mismo Dios o una misma comprensión de la divinidad, y una misma comprensión del camino de salvación.

Los siguientes parecen ser entonces los puntos de contacto entre las iglesias pentecostales y las comunidades andinas:

a) Una cosmovisión en la que se acepta la realidad del mundo sobrenatural y en la que no se separa lo natural de lo sobrenatural, lo físico de lo espiritual, la persona del medio ambiente natural. Lo que explica por qué se cree en espíritus (Espíritu para el caso pentecostal) que intervienen en la cotidianidad de las relaciones humanas y que todo lo que existe tiene vida (las plantas, la tierra, el agua).

b) Un sentido de pertenencia mutua y una solidaridad activa que forma parte de su forma de comprender la vida en comunidad, la relación familiar, los lazos inquebrantables de unidad comunitaria. La comunidad pentecostal, igual que las comunidades andinas, tiene un alto sentido de integración y cuidado mutuo.

c) La acción comunitaria voluntaria, la práctica de la ayuda mutua, la reciprocidad como forma de vida, como formas concretas de atención directa a necesidades específicas del prójimo y como expresión de una preocupación directa e inmediata por el bien común. Para el caso de la comunidad pentecostal, se sigue el modelo comunitario que se describe en varios pasajes de los Hechos, con referencia al estilo de vida de la comunidad de discípulos de Jerusalén.

d) El respeto por los ancianos o los líderes locales que preservan la memoria colectiva, la identidad cultural, los valores innegociables de su pueblo que los hace distintos a los demás. Los que «desde abajo», han construido una autoridad espiritual que todos conocen, porque ellos forman parte del pueblo de a pie.

e) La sanidad de los enfermos, un problema humano cotidiano que no se resuelve únicamente utilizando medios humanos o con los precarios servicios de salud vinculados al Estado, sino también, con el auxilio de lo sobrenatural o de la divinidad.

f) La invocación a Dios o a la divinidad para que los proteja de todos los males. Ya que, según se cree, actúa inmediatamente para preservar la vida de los seres humanos y para cuidarlos durante la jornada cotidiana y en el camino de regreso a casa.

Para las comunidades andinas, sus prácticas culturales y sus creencias serán las hebras del tejido social y cultural que desde hace cientos de años constituye el manto histórico sobre el cual se afirma su identidad. Una herencia de sus antepasados que los ha acompañado a lo largo de su historia. Para los pentecostales, varias de estas prácticas y creencias andinas, y especialmente la medicina andina, pueden ser expresión de la gracia común de Dios y señales que dan cuenta de la revelación general que estas comunidades humanas tuvieron a su alcance.

Más específicamente, con respecto a sus creencias y prácticas que parecen tener cierta sintonía con las creencias y prácticas de los pueblos andinos, los pentecostales dirán que son expresión concreta de su forma particular de leer y actualizar lo que en el Nuevo Testamento se presentan como las señales visibles de las comunidades de discípulos como una sociedad alternativa modelada, guiada, sostenida e impulsada por el Espíritu Santo. Dirán también que el Dios de la Biblia responde a las oraciones por sanidad divina de todos aquellos que tienen fe y que confían en la obra de Cristo en la cruz, porque, como señala Pedro en una de sus epístolas, Cristo:

> …llevó el mismo nuestros pecados en su cuerpo sobre el madero, para que nosotros, estando muertos a los pecados, vivamos a la justicia; y por cuya herida fuisteis sanados (1P 2.24; cf. Is 53.4–5)

A la luz de este conexión, se puede comprender mejor las razones por las que las iglesias pentecostales, además de sintonizar con las necesidades del pueblo de a pie, tienen mejores posibilidades de insertarse en las zonas más vulnerables de las ciudades y de las áreas rurales, porque conocen el lenguaje y las necesidades de las personas y de las familias y tienen en la sanidad divina (entre otros elementos de su mensaje) un excelente puente de contacto y de atención directa a un problema concreto de los pobres y los excluidos.

Palabras finales

A lo largo de este artículo se ha afirmado insistentemente que, desde el punto de vista pentecostal, proclamar que Cristo sana implica afirmar que los pobres y los excluidos del mundo tienen acceso directo a la salud, dentro de una sociedad que les niega ese derecho humano fundamental. Implica también, afirmar que Cristo se preocupa por todas las necesidades humanas, por el ser humano completo, por todos los problemas —entre ellos la salud— que aquejan a los pobres y a los excluidos por el sistema predominante.

De todo lo señalado hasta este momento se puede afirmar también que la predicación y enseñanza pentecostal *Cristo sana… ¡aquí y ahora!*, tiene una dimensión social y política innegable, entre otras razones, porque representa una crítica pública a todos aquellos que, desde sus posiciones de poder civil o religioso, tienen poco interés en la salud integral de los pobres y de los excluidos. El mensaje y la enseñanza pentecostal sobre la sanidad representan entonces un mensaje de liberación integral para todos aquellos que son «ninguneados» por el sistema y que en las iglesias pentecostales recuperan la palabra, se convierten en sujetos sociales y aprenden a amar la vida como un regalo invalorable que les otorga el Dios de la vida.

Capítulo 5

Interculturalidad y misión cristiana

La perspectiva lucana según los Hechos

Introducción

En el registro de la historia de la naciente comunidad cristiana, como lo hizo en el evangelio que lleva su nombre, Lucas acentúa el papel protagónico de los desheredados de la tierra en la proclamación de la buena noticia del reino de Dios en distintas realidades históricas a personas con trasfondos sociales, culturales y religiosos diversos. Los desheredados de la tierra fueron, según la perspectiva de Lucas, tanto receptores de la buena noticia del reino de Dios, como actores centrales en el establecimiento de comunidades de discípulos de Jesucristo en el mundo grecorromano del primer siglo.

Un grupo minúsculo de harapientos galileos y luego los marginados judíos helenistas, seguidores de un predicador galileo crucificado por el poder imperial, fueron los instrumentos humanos que Dios utilizó para que la buena noticia del reino de Dios se extienda desde la oscura provincia de Palestina hasta Roma, la capital del imperio. La buena noticia del reino de Dios se anunció y propagó entonces desde la periferia al centro, desde abajo hacia arriba, desde la marginalidad y la insignificancia hacia el epicentro del poder imperial de ese tiempo. Fue un proceso en el cual se fueron cruzando múltiples fronteras sociales, económicas, culturales y religiosas; y en el cual los misioneros cristianos tuvieron que enfrentarse a la realidad del pluralismo religioso y de la interculturalidad.

En este documento examinaremos algunos pasajes de Hechos de los Apóstoles con el propósito de reflexionar sobre el problema de la interculturalidad subyacente en estos pasajes. Es un examen preliminar, un esbozo de reflexión teológica, sin ninguna pretensión de palabra final. Un intento de comprender la forma como los primeros cristianos enfrentaron los desafíos presentes en su contexto misionero particular.

El desafío de la interculturalidad

Desde hace algunos años en América Latina estamos en tránsito a un pluralismo religioso El monopolio absoluto que tenía la Iglesia Católica Romana en el campo religioso se ha resquebrajado notablemente. Cada día se nota más la presencia de otras formas de organización religiosa distintas a la Católica Romana, entre ellas, las Iglesias Evangélicas de diverso trasfondo histórico y teológico.

La realidad descrita brevemente, para el caso latinoamericano, puede explicar porqué actualmente se afirma que estamos en una época en la que la pluralidad religiosa y la tolerancia están consideradas como fundamentales y en la que el consenso público exige el abandono del exclusivismo cristiano. Hemos pasado, entonces, de los desafíos del multiculturalismo a los desafíos de la interculturalidad. Se trata de una nueva realidad en la que se exige convivencia, enriquecimiento e influencia equitativa, entre las diversas culturas, nacionalidades y religiones que están presentes en un espacio geográfico.

Dentro de esa nueva realidad, cabe plantearse preguntas que necesitan una respuesta urgente, clara y directa: ¿Los evangélicos tienen que dejar de seguir proclamando en todos los pueblos, sociedades y culturas del mundo, la singularidad de Jesucristo como único camino de salvación? ¿Tienen que dejar a un lado la naturaleza y la vocación misionera intrínseca de la fe cristiana, para no ofender a los no cristianos, y como un paso necesario y obligado para establecer una relación intercultural más sincera y fructífera con los adherentes de otras religiones? ¿Habrá algo de la gracia de Cristo o de la universalidad del soplo del Espíritu Santo en los seguidores de las tradiciones religiosas distintas a la fe cristiana? ¿Existe salvación fuera de la fe cristiana?

Cada una de estas preguntas tiene tremenda actualidad, especialmente en un marco temporal en el que se afirma que se está pasando de una teología del pluralismo religioso a una teología pluralista. Una propuesta en la que se admite un pluralismo de vías de salvación, aceptándose la presencia reveladora y salvífica de Dios en las tradiciones religiosas no cristianas. Los evangélicos que han afirmado y afirman la misión integral de la iglesia, una de cuyas premisas fundamentales ha sido la convicción de que la buena noticia de salvación tiene respuestas precisas para todas las necesidades humanas, entre ellas la dimensión religiosa de la vida, tienen que encarar este nuevo desafío teológico.

En síntesis, la realidad de la interculturalidad constituye no solo un rasgo visible de la sociedad planetaria actual, sino también, y aquí parece estar el ángulo conflictivo para los evangélicos, comprender y aceptar que la democracia y la ciudadanía plena, demandan la coexistencia pacífica, tolerante y respetuosa de las minorías y de las mayorías, sean estas sociales, religiosas o políticas. Para el caso de la religión, la coexistencia democrática exige reconocer y aceptar la presencia de tradiciones religiosas distintas a la de los evangélicos, cuyas creencias y prácticas ancestrales, o relativamente nuevas, pueden ser parcial o totalmente diferentes a las de la fe cristiana, y pueden colisionar con sus doctrinas irrenunciables. Cabe entonces una pregunta fundamental, ¿cómo enfrentó este desafío la primera generación cristiana en la encrucijada social y religiosa diversa y plural en la que tuvo que proclamar el señorío de Jesucristo sobre todos los pueblos, poderes y personas? ¿Cómo proclamó, respetuosamente, la singularidad de Jesucristo como único camino de salvación?

Lucas y la interculturalidad

El médico Lucas, tanto en el tercer evangelio como en Hechos de los Apóstoles, paso a paso va narrando que los primeros discípulos siguieron la ruta misionera labrada por Jesús de Nazaret. Situados en el mundo pluralista de su tiempo fueron entrando en una relación intercultural conforme el horizonte de la misión se fue ensanchando. Los discípulos fueron anunciando públicamente la buena noticia de salvación a los diversos públicos humanos con los que se encontraron, conforme la misión fue avanzando, desde la oscura provincia romana de Palestina, pasando por ciudades griegas como Corinto y Atenas, hasta centros urbanos de Europa como Filipos y Roma.

Para nuestra discusión resulta bastante útil examinar la propuesta lucana registrada en Hechos de los Apóstoles, entre otras razones, porque en este documento del Nuevo Testamento se puede encontrar varias pistas para la construcción de un modelo intercultural de misión integral. Lucas en su relato del avance misionero de la comunidad de discípulos en el mundo pluralista grecorromano del primer siglo, caracterizado por la presencia de un amplio abanico de culturas y religiones, va subrayando en su relato, cómo estos primeros misioneros cristianos fueron dialogando creativamente con las expresiones religiosas, distintas a la fe cristiana, con las que se cruzaron en el camino.

Lucas subraya que en ese mosaico de culturas y religiones que fue el Imperio Romano del primer siglo, los primeros discípulos fueron capaces de relacionarse interculturalmente con las distintas perspectivas culturales y religiosas, sin renunciar en ningún momento a su vocación misionera. Una vocación que los condujo a proclamar que, aparte de Jesús de Nazaret, en ningún otro había salvación (Hch 4.12) y que no podían dejar de decir lo que habían visto y oído (Hch 4.20). Así, en la encrucijada pluralista religiosa y cultural del primer siglo, los discípulos no dejaron de proclamar a todos los públicos humanos, en todos los espacios culturales en los que transitaron, que un predicador judío crucificado por el poder imperial era *Cristós* (Mesías, Ungido) y *Kyrios* (Señor).

La versión lucana de la genealogía del Mesías que se remonta hasta Adán (Lc 4.23–38), la mención de personajes no judíos por parte de Jesús luego de su discurso programático en la sinagoga de Nazaret (Lc 4.25–28), así como el encargo final de Jesús resucitado en el que se afirma que en su nombre se predicará el arrepentimiento y el perdón de pecados en todas las naciones (Lc 24.47), dan cuenta de la universalidad del amor de Dios que se presenta como uno de los temas dominantes de la perspectiva teológica lucana.[28] Precisamente, la universalidad del amor de Dios, aparece como un eje teológico transversal en el libro de los Hechos. En Hechos 1.8, un texto en el que se resume tanto el contenido como la estructura de este libro, se anuncia ya este tema, puntualizándose que los discípulos serían testigos de la buena noticia de salvación «hasta lo último de la tierra». El relato del descenso del Espíritu el día de Pentecostés, registrado en Hechos 2, da también cuenta de ello. La referencia de que los testigos humanos de este evento provenían de varias naciones (*éthnos*) y oían hablar en su propia lengua (*diálektos*) las maravillas de Dios (Hch 2.8–12), expresa que en efecto

---

[28] Las palabras del ángel Gabriel a la doncella María sobre el hijo que ella tendría, «su reino no tendrá fin» (Lc 1.33), ya insinuaban el carácter universal del amor de Dios. Lo mismo se puede decir de las palabras del anciano Simeón (Lc 2.31–32) y de Juan el Bautista (Lc 3.6).

el propósito de Dios es que «todas las *éthnos* bajo el cielo» (Hch 2.5) escuchen la buena noticia de salvación.

Otro pasaje clave para nuestra discusión es Hechos 6.1–7. El texto da cuenta de la composición diversificada de la comunidad cristiana primitiva. Había en esa comunidad dos grupos de judíos, los helenistas y los hebreos, que se distinguían principalmente por su lengua y cultura. Los helenistas hablaban griego y llevaban un estilo de vida más influido por la cultura griega. Los hebreos eran judíos palestinos que hablaban hebreo o arameo y que estaban menos influidos por la cultura griega (Taylor 2003:1384).[29] Aparte de este dato particular, no se tiene que olvidar que la primera comunidad cristiana, al principio, era esencialmente judía y que:

> …con el tiempo creció y se volvió una comunidad multicultural de creyentes. Los apóstoles se abrieron a la concertación. Juntos, los cristianos hicieron frente a los desafíos y problemas, lo que permitió a los discípulos crecer y funcionar como una comunidad multicultural» (Ezeani 2008:36).

Los helenistas fueron, si seguimos el relato lucano, los que hicieron los primeros contactos misioneros con los no judíos o gentiles. Uno de ellos, Felipe, predicó en la despreciada región de Samaria (Hch 8.5–13) y le anunció el evangelio al eunuco etíope (Hch 8.26–39). Además, helenistas provenientes de Chipre y de Cirene, fueron a Antioquía de Siria predicando el evangelio a judíos y a griegos (Hch 11.19–20).

A la luz de estos datos se puede afirmar que los helenistas, habituados a transitar en dos culturas (la judía y la griega), estuvieron mejor preparados para comunicar la buena noticia de salvación en otras fronteras culturales, actuando como una suerte de puente para la misión a los no judíos. La experiencia bicultural e intercultural de los helenistas, fue valiosa para la comunicación transcultural de la buena noticia del reino de Dios en diferentes lugares del Imperio Romano del primer siglo.

Los helenistas fueron también los que catalizaron, cuando la marginación de las viudas de los helenistas fue resuelta con la elección

---

[29] De acuerdo a otro autor, «como la distinción se establece en función de la lengua materna, los helenistas tienen que ser entonces los judíos de Jerusalén que se habían hecho cristianos y cuya lengua era el griego… Como su lengua era el griego, estos judíos residentes en Jerusalén son sin duda naturales de la diáspora» (Gourgues 2001:53).

de los siete servidores de las mesas (6.5–6), el surgimiento de un nuevo liderazgo y de nuevas estructuras en la comunidad de discípulos de Jerusalén. De manera que, la presencia de judíos socializados en otros contextos culturales y con una experiencia bicultural, posibilitó tanto cambios sustantivos en la estructura interna y en liderazgo de la iglesia primitiva, como en la comprensión del alcance de la misión cristiana.

El otro texto clave en el que se resalta el amor inclusivo de Dios es Hechos 10–11. El pasaje indica que Pedro, un judío que debido a las prescripciones de su religión no podía tener contacto con los extranjeros (Hch 10.28), tuvo una autentica conversión, un cambio de mente y de corazón, todo por iniciativa del Espíritu quien dilató así el horizonte de la misión. De la experiencia de conversión *al otro* que tuvo Pedro, y en la que se jugaba en realidad el futuro de la misión cristiana más allá del mundo monocultural judío, se ha afirmado que allí ocurrió:

> …un proceso de interpretación y de actualización de la Palabra de Dios para un momento crucial. El entendimiento y la obediencia de la Palabra de Dios se produce con crisis: nos cuestiona, nos interpela, nos discierne, nos interpreta, nos deja perplejos, saca a flote nuestros tabúes y, finalmente, rompe esquemas y transforma el modo de pensar, de sentir y de actuar (Guzmán 2006:81).

Así fue en efecto, ya que luego de escuchar las palabras del centurión romano Cornelio, y a pesar de la carga religiosa y cultural de su exclusivismo judío, Pedro finalmente pudo confesar: «En verdad comprendo que Dios no hace acepción de personas, sino que en toda nación se agrada del que le teme y hace justicia» (Hch 10.35). Más aun, proclamó que Jesucristo «es Señor de todos» (Hch 10.36), dando a entender así, como lo reconocería un poco después cuando tuvo que explicar a los discípulos de trasfondo judío la razón por la que había entrado en casa de un extranjero (Hch 11.17; 15.7–11), que Dios amaba también a los gentiles.

Bajo el paraguas de la experiencia de «conversión teológica» de Pedro, una conversión teológica que afectó notablemente la comprensión y la práctica de la misión cristiana, se pueden formular preguntas como: ¿En qué sentido, como Pedro, nosotros también, tenemos que desprendernos de viejas formas de pensar, de sentir y de actuar que obstaculizan el avance de la misión? A Pedro le costó mucho comprender y aceptar que Dios no hace acepción de personas, y que

Jesucristo es Señor de todos los seres humanos. Pero ambos temas, el carácter inclusivo del amor de Dios y el señorío de Jesucristo sobre todos los pueblos, sociedades y culturas del mundo, forman parte de las afirmaciones centrales de la fe cristiana y son dos de los innegociables que los evangélicos no tienen que poner sobre la mesa de discusión cuando dialogan con otras tradiciones religiosas.

Como ocurrió con Pedro cuando tuvo que cruzar otras fronteras culturales dejando atrás sus prejuicios culturales y religiosos, los evangélicos de este tiempo, para embarcarse en una relación intercultural con un no evangélico, tienen que comprender que la conversión teológica no implica un abandono irresponsable de la fe en el Dios de la Biblia como un Dios imparcial en su amor y Señor de todos los seres humanos; sino el despojo de todo aquello que son los añadidos humanos al evangelio y de los prejuicios religiosos y culturales que no nos permiten sentarnos en una misma mesa con el otro para que nos escuche, para escucharle, y para aprender juntos.

Más aun, sentarse en una mesa con el otro cuya perspectiva religiosa puede ser radicalmente distinta a la nuestra, para dialogar en busca de una agenda de trabajo colectivo orientada a la búsqueda del bien común, no desdice para nada la identidad cristiana de quien dialoga y no implica una traición artera a la causa del reino de Dios y su justicia. Como tampoco implica dejar a un lado fibras íntimas de la fe evangélica, como la singularidad de Jesucristo y la naturaleza y vocación misionera de la iglesia, bajo el pretexto de una «aproximación sincera» a los no cristianos.

Tiene que ser así, porque para sentarse en una misma mesa con los no cristianos o con los no evangélicos, se tiene que entender primero que se trata de un diálogo entre iguales. Iguales que están tratando de encontrar vías colectivas por las cuales transitar sin perder en el camino su identidad religiosa precisa. Además, se tiene que entender que uno no se sienta en una mesa de diálogo con entidades abstractas o con almas incorpóreas, sino con seres humanos situados en realidades históricas concretas y que tienen una cosmovisión especifica que da sentido a sus vidas.

De lo que se trata, entonces, es de una interacción de cosmovisiones en la que cada uno de los actores individuales o colectivos tiene lealtades últimas que no está dispuesto a dejar a un lado, bajo el pretexto de una relación intercultural en la que se pone como condición previa un despojo de los aspectos sustantivos de la identidad religiosa o cultural que le da sabor y dirección a la vida de los actores individuales y colectivos que participan en ese diálogo interreligioso. En ese esfuerzo, «las diferencias permanecerán después del diálogo, pero desaparecerán las descalificaciones gratuitas y las desconfianzas infundadas» (Tamayo 2004:143).

Hechos 15.1–35 marca otro momento significativo en el proceso de compresión del propósito salvífico de Dios. Previamente en Hechos 10–11, con la experiencia de Pedro en casa de Cornelio y su testimonio a la comunidad de discípulos de Jerusalén, se había presentado el tema que posteriormente se discutiría en el Concilio de Jerusalén: la inclusión de los no judíos en el pueblo de Dios. Una discusión que tuvo como voceros principales a Pedro, Jacobo, Pablo y Bernabé.

Pablo (nacido en Tarso) y Bernabé (nacido en Chipre) pertenecían a los judíos de la diáspora o de la dispersión y, quizá, esa fue la razón por la que fueron comisionados por el Espíritu Santo para que ensanchen el horizonte de la misión en otros contextos culturales y religiosos (13.1–3). De Pedro, ya sabemos que había tenido experiencias misioneras transculturales, primero en la región de Samaria (8.14–25), y luego en casa de Cornelio (10–11). De Jacobo, el hermano del Señor (Gá 1.19), debido al papel central que tuvo en el Concilio de Jerusalén, se puede deducir que fue un líder ampliamente respetado por todos, incluso por los partidarios de la circuncisión de los gentiles.

Luego de una amplia discusión (Hch 15.7) y de escuchar los testimonios directos de Pedro, Bernabé y Pablo (Hch 15.7–13), Jacobo planteó una solución para el tema en disputa (Hch 15.13–21) en la que se precisaba que los gentiles tenían que «apartarse de las contaminaciones de los ídolos, de fornicación, de ahogado y de sangre» (15.20). De acuerdo a un autor:

> Al imponer estos mandamientos a los gentiles que formaban parte de la iglesia, Santiago les asigna implícitamente el *status* de «residentes extranjeros», no israelitas y dispensados, por tanto, de observar toda la ley de Moisés, aunque obligados a cumplir ciertos mandamientos (ni simplemente «morales» ni simplemente «rituales») si quieren asociarse a la casa de Israel. En concreto, al abstenerse de la impureza sexual y de los alimentos impuros, los gentiles evitarían las principales fuentes de impureza con las que podrían contaminar a los judíos. De este modo se eliminaba lo que, a los ojos de los judíos, constituía un obstáculo para compartir los

alimentos (incluida la eucaristía) con los gentiles. Se exigía a los gentiles que se amoldasen a ciertas disposiciones de la ley judía, pero que no se sometieran a la circuncisión (Taylor 2003:1396).

Lo que queda claro, entonces, es que los gentiles no fueron obligados a circuncidarse como condición previa y necesaria para que sean parte del pueblo de Dios. Los cristianos de trasfondo judío (hebreos y helenistas) reunidos en el Concilio de Jerusalén, estuvieron de acuerdo en que la circuncisión como señal del pacto de Dios con Israel, con toda la carga religiosa y cultural que tenía para los judíos de ese tiempo, no se aplicaba a los gentiles y no era una señal física de ingreso a la iglesia como la nueva Israel de Dios. Fueron capaces de entender lo que Pedro había expresado con bastante claridad: «…creemos que por la gracia del Señor Jesús seremos salvos, de igual modo que ellos» (Hch 15.11).

Así, los cristianos de trasfondo judío, fueron comprendiendo que cuando la buena noticia del reino de Dios cruza otras fronteras culturales, sociales y religiosas, se tienen que revisar las formas tradicionales y encapsuladas de comunicar esa buena noticia y de relacionarse con aquellos que provienen de los nuevos espacios sociales y culturales en los que la iglesia ha llegado para quedarse. Quizás, la capacidad de dialogar creativamente, comunicándose adecuadamente y escuchando a los otros; así como comprender que el evangelio no está amarrado a ninguna cultura en particular, ya que su contenido trasciende toda particularidad cultural, sean dos de las lecciones más valiosas que se desprenden de la decisión que se tomó en el Concilio de Jerusalén.

La experiencia misionera de Pablo y Bernabé en Listra, registrada en Hechos 14.8–20, jalona otras pistas para la construcción de un modelo intercultural de misión integral. Lucas en su relato indica que la gente de ese lugar confundió a los misioneros cristianos con dos de los dioses del panteón religioso griego que ellos veneraban: A Bernabé lo confundieron con Júpiter y a Pablo con Mercurio (14.12). Lucas precisa, además, que cuando el sacerdote de Júpiter intentó darle culto con toda la parafernalia acostumbrada en las ceremonias religiosas de ese tiempo, la respuesta inmediata de Pablo y Bernabé fue bastante clara (14.15–17). Dos temas resaltan en su respuesta. En primer lugar, la referencia a la revelación general («…si bien no se dejó a sí mismo sin testimonio, haciendo bien, dándonos lluvias del cielo y tiempos fructíferos…») como una vía de conexión con un público humano no judío, desacostumbrado al lenguaje religioso del Antiguo Testamento. En segundo lugar, el llamado público que se le hizo a todos los presentes a convertirse al Dios vivo, Creador de todo lo que existe, dejando las vanidades o creencias supersticiosas que ellos tenían («...os anunciamos que de estas vanidades os convirtáis al Dios vivo que hizo el cielo y la tierra, el mar, y todo lo que en ellos hay...»). Dando a entender así que, hasta ese momento, si bien los habitantes de esa región tenían a su alcance la revelación general en la naturaleza, necesitaban conocer al Dios que se había revelado en el Antiguo Testamento —las Escrituras judías— como Creador y Sustentador del mundo.

Así, Pablo y Bernabé, en lugar de ajustarse al discurso y a la práctica religiosa predominante, o de ayudar a los seguidores de Júpiter y de Mercurio a ser mejores creyentes en sus dioses, abiertamente proclamaron que se trataba de creencias religiosas vanas que en nada se comparaban con el Dios Creador que ellos anunciaban públicamente. En otras palabras, para nada cedieron en sus convicciones religiosas, y no dejaron que la presión religiosa del contexto de misión module su discurso público o rebaje las demandas del evangelio del reino de Dios que proclamaban. Tampoco permitieron que las adulaciones públicas de los religiosos y las ventajas que brindan las prácticas religiosas establecidas los conviertan en simples instrumentos de una masa enfervorizada como la de Listra. Para ambos, la idolatría y el culto a la personalidad, no constituían expresiones religiosas válidas que ellos, como discípulos de Jesús de Nazaret, estaban obligados a aceptar y a seguir como si fueran caminos alternativos de salvación.

La experiencia misionera de Pablo en Atenas, consignada en Hechos 17.16–34, suministra también otras pistas teológicas importantes. Lucas en su relato da cuenta la manera cómo el apóstol Pablo tuvo un conocimiento directo de la situación religiosa de esa ciudad griega, precisando que los habitantes de Atenas eran muy religiosos; y precisando también, en una plaza pública como el Areópago de Atenas, cuál era la buena noticia que él proclamaba (Hch 17.22–31). En el relato lucano del discurso de Pablo se precisan varios asuntos claves para la construcción de un modelo intercultural de misión integral. En primer lugar, destaca notoriamente la clara referencia a la revelación general, particularmente, la mención al mundo como propiedad de Dios. En segundo lugar, sobresale la afirmación de la unidad del linaje humano, puntualizándose así que todos los seres humanos sin excepción tienen una dignidad intrínseca debido a que son descendientes o linaje de Dios. En tercer lugar, destaca en este pasaje la constatación de que todos los seres humanos tienen cierta noción de Dios y prácticas religiosas vinculadas a esa noción de Dios, como en el caso de los atenienses. En cuarto lugar, como lo hizo san Pablo en Atenas, antes de llegar a una plaza pública como el Areópago, se tiene que conocer de primera mano la realidad cultural y religiosa en la que uno se encuentra, para así estar en mejores condiciones de dialogar con los partidarios de otras religiones y proclamar adecuadamente la buena noticia del reino de Dios. En quinto lugar, resalta la crítica pública a las prácticas religiosas en las que Dios es representado en forma de ídolos fabricados por manos humanas, y como producto de la imaginación humana. De aquí se puede deducir que si bien en cada cultura, como la ateniense, existen creencias religiosas particulares, no necesariamente estas creencias compatibilizan con la buena noticia del reino de Dios o tienen que ser consideradas como revelatorias y salvíficas. Finalmente, destaca la afirmación de que Dios demanda a todos los hombres en todo lugar, que, dejando la ignorancia, se arrepientan y acepten el mensaje de salvación cuyo centro es la persona y obra de Jesús de Nazaret.

Cada uno de estos seis temas puede ser considerado como un punto de agenda necesario en todo proceso de diálogo interreligioso en el mundo globalizado contemporáneo. Diálogo interreligioso en el que, para un evangélico, las demandas de apertura, respeto y disposición para aprender del otro, no tiene como correlato inevitable el abandono de dos innegociables de su fe como la singularidad de Cristo y la naturaleza y vocación misionera de la iglesia, tal como lo demuestra la experiencia misionera de Pablo en Atenas. En otras palabras, a la luz de la experiencia misionera de Pablo en Atenas, se puede afirmar que para interactuar con los adherentes de otras religiones no se tiene que renunciar a la identidad evangélica ni edulcorar o maquillar las exigencias del evangelio del reino de Dios, pero sí se tiene que aceptar que después de cada experiencia misionera se replantea la comprensión que se tiene acerca de Dios y de su acción soberana en el mundo.

Finalmente, Hechos 20.4, proporciona también pautas valiosas para tejer un modelo intercultural de misión integral. Lucas en su relato subraya que los compañeros de viaje de Pablo provenían de diferentes lugares del Imperio Romano en los que se había proclamado el evangelio, como para darle a entender a sus lectores que el apóstol estuvo rodeado de un equipo de trabajo multicultural y con experiencia intercultural, como había sido la experiencia de la iglesia de Antioquía de Siria (Hch 13.1–4) de la que provenían Pablo y Bernabé, precisamente dos judíos de la dispersión. De esta referencia de Lucas, teniendo en cuenta además que san Pablo tuvo otros compañeros de misión que provenían de otros pueblos y culturas (Ro 16.1–15; Fil 4.2–3; Col 4.9, 12, 17), se puede deducir que, para la comunicación del evangelio en otros territorios, fue necesaria y valiosa la formación de equipos misioneros multiculturales, con trasfondo bicultural y con experiencia intercultural. Equipos misioneros que tuvieron que haber aprendido de la experiencia misionera de san Pablo que él mismo consignó en una de sus cartas a los discípulos de la ciudad de Corinto:

> Me he hecho a los judíos como judío, para ganar a los judíos, a los que están sujetos a la ley (aunque yo no esté sujeto a la ley) como sujeto a la ley, para ganar a los que están sujetos a la ley; a los que están sin ley, como si yo estuviera sin ley (no estando yo sin ley de Dios, sino bajo la ley de Cristo) para ganar a los que están sin ley. Me he hecho débil a los débiles, para ganar a los débiles; a todos me he hecho de todo, para que de todos modos salve a algunos. Y esto hago por causa del evangelio, para hacerme copartícipe de él (1Co 9.20–23).

De la experiencia misionera de san Pablo se puede aprender que siendo judío aprendió a pensar y a actuar como gentil para llevar las buenas nuevas a los gentiles. Un dato que indica claramente que el evangelio es traducible a todas las culturas. Está en lo cierto entonces Lamin Sanneh, cuando sostiene que «la fe cristiana no es una religión de uniformidad cultural, ya que en su expansión histórica se ha reflejado la tremenda diversidad y el dinamismo de los pueblos del mundo» (Sanneh 2003:130). Esto puede explicar también por qué Samuel Escobar menciona lo siguiente sobre este tema:

> No puedo menos que confesar mi asombro cuando considero el hecho de que el evangelio sea *traducible*, que se pueda traducir. Esto significa que el evangelio dignifica a toda cultura como vehículo válido y aceptable de la revelación de Dios. De la misma manera este hecho relativiza toda cultura, ya que no hay cultura o lengua *sagrada* que se deba considerar como el único medio por el cual Dios puede darse a conocer (Escobar 2008:9).

Consecuentemente, lo que se esperaría de los misioneros cristianos en las diversas realidades culturales en las que se encuentran dando testimonio de la buena noticia del reino de Dios, es que no confundan el contenido del evangelio del reino de Dios con los valores de la cultura de la que proceden y que sean capaces de relacionarse creativamente con la cultura en la que están inmersos como embajadores de la gracia de Dios, evitando cualquier forma de etnocentrismo cultural o religioso. La formación de equipos misioneros multiculturales, con trasfondo bicultural y capaces de relacionarse interculturalmente con los adherentes a otras religiones, siempre será instructivo y constructivo, tanto para los misioneros como para los distintos públicos humanos receptores del evangelio del reino.

Conclusión

La sociedad planetaria actual, uno de cuyos rasgos es la demanda de una relación intercultural entre todos los actores colectivos, entre ellos los actores religiosos, genera también, tanto un encuentro como un desencuentro de cosmovisiones en la plaza pública, lugar de exposición de puntos de vista y de debate entre iguales. La democracia y la ciudadanía plena exigen, entre otros asuntos, relaciones sociales respetuosas entre las mayorías y las minorías, así como igualdad de oportunidades para todas las culturas, opciones religiosas y sectores sociales marginados.

Para posicionarse responsablemente en la plaza pública, un espacio común en el que se debate para generar agenda orientada al bien común y para articular políticas de Estado conectadas con la justicia social y el respeto a la dignidad humana, se requiere entonces, tener una cosmovisión cristiana tejida a partir de una lectura contextual de la Biblia y en diálogo con las exigencias misioneras y éticas del marco temporal en el que uno está situado como ciudadano de una *polis* específica.

La revelación general proporciona un primer punto de contacto sumamente valioso para relacionarse con los adherentes a las religiones andinas o con los miembros de las otras tradiciones religiosas no cristianas. Puntos de encuentro valiosos para un diálogo interreligioso respetuoso y desprejuiciado, pueden ser las concepciones que se tengan sobre Dios y el mundo, así como las pautas éticas que estas tradiciones religiosas tengan. Y, sobre ese piso común, se puede construir una agenda de acciones colectivas orientadas al bienestar de todos los seres humanos.

Una relación intercultural, realmente fructífera y esperanzadora para toda la familia humana, más allá de la defensa cerrada que cada uno puede hacer de su confesión religiosa y de la particularidad cultural de los actores individuales y colectivos que intervienen en los esfuerzos de diálogo interreligioso, solo tiene sentido, si el horizonte común es la defensa de la dignidad de todos los seres humanos, la lucha permanente contra el escándalo de la pobreza y de la exclusión de miles de personas, y el cuidado del mundo en el que todos vivimos. Esta responsabilidad global que compromete a todas las religiones, ya teje en sí misma una agenda común que para nada desdice, distorsiona o diluye, la identidad específica de cada confesión religiosa que participa en el diálogo interconfesional e, incluso, interreligioso. Todo lo demás puede ser, entonces, vana palabrería para inflar nuestro ego, elucubraciones intelectuales desconectadas de las expectativas del pueblo de a pie, expresión de nuestros prejuicios religiosos y culturales, o imposiciones que vienen de nuestras formas trasnochadas y etnocentristas de entender a Dios, la religión y la cultura.

Capítulo 6

La ciudad y nosotros

La responsabilidad social y política de las iglesias pentecostales

Introducción

Las iglesias evangélicas de origen misionero y de origen nacional, entre ellas, las crecientes y dinámicas iglesias pentecostales de diverso trasfondo histórico, tienen desde hace varias décadas una presencia misionera visible en las ciudades de América Latina. Sin embargo, su presencia misionera no siempre ha estado acompañada de una preocupación por todas las necesidades de las personas y de las familias que habitan en los centros urbanos y, especialmente, de quienes viven en las zonas periféricas donde se concentran altos niveles de pobreza y pobreza extrema, y en las que se carece de servicios básicos adecuados (agua, alcantarillado y alumbrado público) que dan cuenta de una baja calidad de vida en esos lugares.

El problema de fondo parece ser la comprensión que se tiene sobre la iglesia y su misión en el mundo. Actualmente, todavía puede encontrarse congregaciones evangélicas en las cuales los pastores y líderes creen que la iglesia tiene que estar apartada de todo lo mundano, es decir, de toda acción a favor del prójimo que puede ser calificada como no espiritual, profana o secular. Acciones sociales como, por ejemplo, la lucha contra la pobreza, la defensa de los derechos humanos, la participación en los movimientos sociales y en los partidos políticos, entre otras, son consideradas como inapropiadas o extrañas al testimonio cristiano en el mundo. Esta perspectiva teológica reduccionista que todavía caracteriza la práctica misionera de un número nada despreciable de pastores y líderes, puede explicar por qué la comunidad evangélica ha tenido en estos años una escasa, pobre o nula incidencia en la vida pública de los países latinoamericanos.

En este capítulo, teniendo en cuenta que uno de los déficits más notorios del movimiento evangélico (en el cual están insertas las iglesias pentecostales) ha sido su limitada preocupación por los asuntos de la agenda pública, con su correlato de indiferencia y silencio frente a asuntos críticos como la escandalosa pobreza en la que viven miles de personas y la injusticia institucionalizada que afecta a miles de personas entre las que se encuentran creyentes pentecostales, examinaremos críticamente su presencia misionera en las grandes urbes. Ubicaremos en primer lugar nuestro objeto de estudio en su contexto particular. En otras palabras, se hará un balance situacional de la ciudad, concentrándonos en las ventajas y desventajas de vivir en el mundo urbano. Seguidamente se analizará la presencia misionera de las iglesias evangélicas en la ciudad, mencionando ejemplos concretos de compromiso social y señalando los vacíos que se han tenido en la atención a todas las necesidades humanas. Finalmente, a la luz de todo lo señalado, se planteará propuestas de acción colectiva desde una perspectiva integral de la misión cristiana.

Luces y sombras de las grandes urbes

Las grandes urbes en cualquier lugar del mundo tienen luces y sombras. En ellas se concentran los grandes logros de la sabiduría humana como la utilización de la tecnología de punta en los enormes e impersonales centros de producción industrial, así como los grandes problemas generados por la mala utilización de esos logros humanos, como la contaminación de las fuentes de agua y la explotación inmisericorde de cientos de indefensos seres humanos. En las grandes urbes se encuentran los centros académicos más importantes de un país y los lugares de distribución y de consumo de drogas de todo tipo. Las luces y las sombras de la obra humana, la construcción y la destrucción de la calidad de vida, las ventajas y las desventajas del formidable avance tecnológico de los últimos años, caracterizan el rostro diurno y nocturno de los conglomerados urbanos contemporáneos. Parece acertada, entonces, la opinión de Jacques Ellul sobre la ciudad cuando afirma que ella:

> …es capaz de dirigir y cambiar la vida espiritual del hombre. Aplica sobre él su poder y cambia su vida, toda su vida, no solamente su

casa. Y esto parece un misterio aterrador… Caín puso en ella toda su rebeldía. El hombre pone en ella todo su poder y otros poderes acuden a apoyar los esfuerzos del hombre… (Ellul 1972:22).

¿Seguirán creciendo las grandes urbes con sus luces y sombras y emergerán otros laberintos urbanos como producto de la acelerada migración interna y externa? Los expertos del Centro Nacional de Planeamiento Estratégico del Perú (CEPLAN) en un documento titulado *Plan Bicentenario: el Perú hacia el 2021*, se refirieron a las megatendencias que caracterizan al mundo actual.[30] Entre ellas identificaron el crecimiento de las megaciudades o grandes urbes con más de diez millones de habitantes como São Paulo, Ciudad de México o Buenos Aires. Estos expertos en planificación estratégica precisan que se trata de un fenómeno:

> …que se ha acelerado, en especial en los países en vías de desarrollo, como parte de intensos procesos de urbanización y migración rural-urbana. Son consideradas motores de la economía mundial por conectar de manera eficiente el flujo de productos, personas, culturas y conocimientos. La concentración de la población, sobre todo por la centralización espacial de las inversiones, tiene inevitables consecuencias sociales, económicas y culturales; en particular, el crecimiento del crimen y la delincuencia, problemas más agudos en los países pobres (CEPLAN 2011:18–19).

Además, avizorando el futuro inmediato, indican que:

> Las megaciudades tienen que afrontar determinados desafíos para alcanzar un desarrollo urbano sostenible, lo cual implica una mejor gestión en cinco sectores críticos de infraestructura (transporte, electricidad, agua y aguas residuales, salud y protección y seguridad), de forma que mejoren su capacidad para balancear la competitividad con la calidad de vida y la sostenibilidad ambiental (CEPLAN 2011:19).

---

[30] Las otras megatendencias identificadas por los expertos peruanos fueron las siguientes: «…la globalización, la democracia global, las telecomunicaciones y la masificación del uso de Internet, el surgimiento de nuevas potencias económicas, la Cuenca del Pacífico como nuevo eje del comercio mundial, el envejecimiento demográfico y la migración internacional, el cambio climático, la preocupación por el ambiente y la preferencia por los productos naturales, el desarrollo biotecnológico y la ingeniería genética, el desarrollo de la nanotecnología y la robótica» (CEPLAN 2011:15–23).

¿Qué deben tener en cuenta las iglesias evangélicas a la luz de las megatendencias señaladas por los expertos peruanos y, particularmente, frente a los desafíos que plantea el crecimiento de las megaciudades que se nota actualmente en centros urbanos en expansión acelerada como Lima, Bogotá, Caracas o Santiago de Chile? ¿Cuál debe ser la respuesta misionera de las iglesias evangélicas, entre ellas las iglesias pentecostales, cuando desde un organismo internacional como las Naciones Unidas, se señala que para el 2050 el 90% de las personas vivirán en las ciudades y que el campo paulatinamente se irá despoblando? Problemas sociales críticos como el incremento del crimen y de la delincuencia, con su correlato de una creciente y preocupante inseguridad ciudadana, afecta por igual a evangélicos y a no evangélicos. Ocurre lo mismo con respecto a los problemas cada día más críticos de transporte, electricidad, agua y aguas residuales, y salud ciudadana, cuyos efectos en la calidad de vida no dependen de la confesión religiosa de los habitantes urbanos.

La presencia misionera de las iglesias evangélicas en las grandes urbes debe tener en cuenta estos problemas sociales concretos, así como asuntos claves para una compresión más completa del mundo urbano como la migración y el mestizaje cultural. Esto exige elaborar e implementar un plan de acción misionera en el que no se eluda ni se ignoren problemas sociales como la inseguridad ciudadana, la corrupción, los efectos de la migración y la realidad del mestizaje cultural, bajo el pretexto de que se trata de asuntos profanos, mundanos o seculares. Un enfoque de misión integral resulta ser el más adecuado para hacer frente a los desafíos misioneros que se tienen que encarar en los laberintos urbanos de este tiempo. Entre otras razones, porque la salvación de los seres humanos no ocurre en un vacío existencial, desconectada de los procesos sociales y políticos, fuera de la cotidianidad humana o al margen de la historia de los pueblos.

Las preguntas que guiarán nuestro análisis y nuestra propuesta de acción misionera integral, serán las siguientes: ¿Cómo ha sido la presencia evangélica en las grandes urbes? ¿Una presencia redentora, transformadora y liberadora? ¿Una presencia con luces y sombras?

La presencia evangélica en las grandes urbes

Samuel Escobar, uno de los más destacados pensadores evangélicos latinoamericanos, sostiene que el pueblo de Dios aparece en una ciudad y se va haciendo visible por un mensaje y un estilo de vida distintivos (Escobar 1982:75). Añade además que:

> La comunidad cristiana «aparece» en una ciudad y se hace ver y sentir como un grupo creciente de personas cuya lealtad final, forma de vida e impulso misionero le dan características definidas (Escobar 1982b:43).

Así es en efecto. Cualquier atento observador de los cambios ocurridos en el mapa religioso latinoamericano en las últimas décadas, suscribiría sin mayores comentarios lo que Samuel Escobar señala con respecto a las características que tiene la presencia evangélica en la ciudad. Las iglesias evangélicas de distinto trasfondo histórico y teológico (presbiterianos, bautistas, Asambleas de Dios, Iglesia de Dios, nazarenos, metodistas, Alianza Cristiana y Misionera, peregrinos, menonitas, Iglesia Cuadrangular, Hermanos Libres, entre otros) forman parte del paisaje cotidiano de las grandes urbes. Estas iglesias tienen presencia misionera en todos los rincones de la ciudad, tanto en las zonas urbanizadas, como en las zonas de pobreza y pobreza extrema: villas miserias, barrios urbanos marginales, favelas. Pero, ¿cómo se da esta presencia misionera? ¿Qué acciones sociales se realizan en favor del prójimo indefenso, de la justicia y de una mejora de la calidad de vida de los pobres?

Las iglesias evangélicas se han asentado en la ciudad, sin embargo, no siempre miran y se relacionan de la misma manera con los habitantes de la ciudad en la cual están situadas.[31] Unas consideran que la misión cristiana se limita exclusivamente a la proclamación verbal de la buena

---

[31] La situación no parece haber cambiado mucho desde que en 1988 la Fraternidad Teológica Latinoamericana en un documento titulado *En busca de la paz de la ciudad* expresara lo siguiente sobre la presencia misionera de las iglesias evangélicas en la ciudad: «El análisis de la vida y misión de la mayoría de las iglesias evangélicas en las grandes urbes nos muestra una marcada crisis con diferentes manifestaciones. Las denominadas iglesias históricas expresan una creciente conciencia social en su reflexión teórica sobre la misión urbana, la misma que no se expresa con igual intensidad en la inserción práctica. Por otra parte, persisten en las ciudades los modelos evangelizadores con énfasis exclusivo en la misión como proclamación centrada en el arrepentimiento y la salvación individuales. Esto refuerza el ya marcado individualismo deshumanizador de las grandes urbes, e ignora la dimensión comunitaria del Evangelio del Reino de Dios. Con preocupación constatamos, también, la creciente imposición de modelos importados de misión urbana. Estos son irrelevantes en nuestros contextos y perpetuadores de la dependencia misionera que nos agobia en múltiples niveles de nuestro ser y quehacer como Pueblo de Dios» (FTL 1989:139).

noticia de salvación y que las acciones de servicio social a favor del prójimo —si las realizan— sólo tienen sentido como puentes o como medios para ganar más feligreses. Otras fueron comprendiendo en los últimos años que la proclamación verbal del evangelio y las acciones de servicio al prójimo son dos dimensiones legítimas de la misión integral del pueblo de Dios. Frente a esta situación, y para caminar en la misma dirección, las iglesias evangélicas que se han establecido en las ciudades deberían tener en cuenta las siguientes palabras de Samuel Escobar:

> ...la ciudad nos desafía a ver con claridad como concebimos la relación entre Dios y su universo, el hombre pecador y sus creaciones, el hombre redimido y el mundo no redimido. Esta actitud inicial es de suma importancia también cuando se determina la misión del pueblo de Dios en la gran urbe, porque tiene que ver con la manera como se concibe el futuro de la gran ciudad (Escobar 1982b:72).

Tres temas teológicos claves, con profundas implicaciones para la misión cristiana en la ciudad, subraya Escobar.

- El primero de estos temas exige examinar con cuidado la forma como las iglesias evangélicas se relacionan con el mundo de Dios: *la relación entre Dios y su universo.*
- El segundo nos desafía a poner en tela de juicio la tendencia humana a la autonomía, es decir, la autosuficiencia con la que a menudo actúan los seres humanos convirtiéndose en juez y parte de sus palabras y acciones: *el hombre pecador y sus creaciones.*
- El tercero subraya la responsabilidad de los creyentes y de las iglesias con respecto al marco temporal en el cual están situados como seres humanos de carne y hueso cuya tarea misionera es permanente, irrenunciable y siempre pendiente: *el hombre redimido y el mundo no redimido.*

En la siguiente sección volveremos a tratar estos asuntos porque son temas claves para la articulación de una propuesta de misión integral para las grandes urbes. Entretanto, será de mucha ayuda conocer qué han estado haciendo las congregaciones evangélicas locales en asuntos como la promoción de la justicia, el cuidado del medio ambiente, la lucha contra la pobreza, la defensa de la dignidad humana y la lucha contra la corrupción, entre otros asuntos relacionados con una mirada más integral de la misión cristiana. Un rápido examen de la presencia evangélica en la ciudad, da cuenta de que no todas las congregaciones están inmersas en acciones de misión integral, pero da cuenta también de que existen experiencias concretas de una misión transformadora de personas y de confrontación con las estructuras de pecado.

En un valioso libro titulado *La iglesia local como agente de transformación*, editado por René Padilla, se registran varios modelos eclesiales de misión integral en la ciudad (Padilla 2003:237–284). En este libro se registran las experiencias misioneras de una iglesia presbiteriana de Lima (Perú), de una iglesia bautista de Buenos Aires (Argentina), de la iglesia Centro Cristiano de Alabanza del Cantón de Alajuelita (Costa Rica) y de la Iglesia Evangélica de Colegiales en Buenos Aires (Argentina). Todas ellas experimentaron cambios fundamentales en su forma de comprender la iglesia y su misión en el mundo al ser confrontadas con realidades de hambre, desocupación, opresión e injusticia institucionalizada.

Pedro Arana, pastor presbiteriano, relata con estas palabras la experiencia misionera de la Iglesia Presbiteriana de Pueblo Libre en Lima, Perú:

> …nos percatamos de que la misión integral podía significar también liderazgo social y hasta político; que en el Perú, como en otros países de América Latina, las fuerzas destructivas que impiden nuestro desarrollo son la envidia, la insensibilidad frente al dolor humano, el desorden y la corrupción. Existe, además, un entendimiento del evangelio cristiano que hace de lo espiritual algo abstracto y de las responsabilidades ciudadanas algo pecaminoso… (Padilla 2003:246).

Los pastores de estas congregaciones, como en el caso del pastor Alberto Castro de la Iglesia Centro Cristiano de Alabanza de Alajuelita en San José, Costa Rica, fueron desafiados también a ampliar su comprensión del oficio pastoral:

> Alberto Castro se considera no sólo el pastor de la congregación sino también pastor de la comunidad, por lo cual el ejercicio de su ministerio trasciende la geografía de la congregación. Mantiene vínculos con otros ministerios cristianos, organizaciones gubernamentales e iglesias del extranjero (Padilla 2003:267).

En la ciudad de Caracas, Venezuela, destaca la experiencia misionera integral de la Iglesia Evangélica las Acacias. De acuerdo al pastor de esta congregación pentecostal, Samuel Olson, una de las claves para el desarrollo de la congregación fue que el pastor sepa presidir o dirigir:

> Se supone que ante un ministerio de constante crecimiento y desarrollo, el pastor sepa o aprenda a presidir. Esto no solo tiene como implicación la dirección y el poder conducir la grey, sino también reconocer los dones que están presentes para su debida expresión y para que estos enriquezcan a los que se consideren parte de la comunidad. Y no sólo ello, sino que estos dones y ministerios sean utilizados para el servicio a otros que no formen parte de la misma organización (Olson 2004:435).

¿Qué lecciones se desprenden de estas palabras del pastor Samuel Olson? Siendo clave la figura y el papel del pastor como responsable visible de la congregación local, tiene que saber conducir a la grey y, para ello, debe tener clara la dirección en que se camina. En un lenguaje más gerencial, el pastor tiene que haber definido y saber cuál es la visión y la misión de la congregación a su cargo. Además, debe tener la habilidad pastoral de reconocer los dones presentes en la congregación y permitir que se expresen visiblemente para el servicio al prójimo, tanto de los miembros de la congregación como de los vecinos de la comunidad en la cual está situado el templo. ¿No es todo esto importante y necesario para la práctica de una misión integral en cualquier realidad urbana?

¿Existen otras experiencias de misión integral de iglesias evangélicas en las ciudades latinoamericanas? De las casi 60 iglesias locales que tiene la Iglesia de Dios del Perú en la ciudad de Lima, Perú, siete de ellas en convenio con Compasión Internacional, tienen programas de servicio integral al prójimo orientados a la atención de niños y adolescentes que provienen de hogares en situación de pobreza y pobreza extrema. Quizá, no todas estas congregaciones locales han pasado de la asistencia social a la acción social y, probablemente, sólo se limiten a seguir el programa social diseñado por Compasión Internacional, sin haberlo contextualizado debidamente. Sin embargo, ya es una señal de avance en su comprensión de la misión de la iglesia que los templos no se utilicen solamente para actividades religiosas tradicionales, como los cultos unos cuantos días a la semana, sino también para acciones de servicio al prójimo y para el bienestar integral de la comunidad.

Conozco también en Lima y en otras ciudades del Perú, así como en otros países latinoamericanos, experiencias de servicio al prójimo de congregaciones evangélicas en el campo de la salud, la educación, el cuidado del medio ambiente, la defensa de los derechos humanos y la atención a madres solteras, niños huérfanos y ancianos. Así, por ejemplo, la Iglesia Evangélica Ekklesia-Una Misión, de la ciudad del Cusco, Perú, viene forjando un valioso modelo de acción misionera integral en una ciudad en constante crecimiento poblacional y con un preocupante incremento de problemas sociales como la situación de indefensión de niños, adolescentes y mujeres que sufren violencia.

La Iglesia Evangélica Ekklesia-Una Misión, dentro de su programa denominado *Obras de Misericordia*, distribuye los días sábados alimentos a las personas indigentes en la zona del mercado central de la ciudad, durante el invierno entrega alimentos y ropa a las personas que duermen en las calles, y ha estado atenta también a problemas como las inundaciones para socorrer oportunamente a las personas damnificadas. Tiene, además, un programa que apunta a la *transformación sostenible de las problemáticas sociales,* dentro del cual brindan atención médica y educativa en el centro penitenciario de Quenqoro, tienen un consultorio de atención gratuita para problemas de violencia familiar y problemas de violación, y ayudan a los padres a inscribir a sus hijos en el registro de nacimientos de los gobiernos locales. Dentro de este programa, tienen también un albergue temporal para niños recién nacidos en abandono moral y material completo, a los cuales atienden integralmente hasta el momento de su adopción.[32]

Este breve examen de la presencia cristiana en el mundo urbano indica que, aunque existen experiencias ejemplares de acción misionera integral, hace falta todavía generar modelos de servicio al prójimo que, además de enfrentar los problemas derivados del pecado personal (mentira, robo, adulterio, borrachera) y del pecado social (indiferencia frente al escándalo de la pobreza y justificación de la violación de derechos humanos), confronten el pecado estructural (racismo, marginación, explotación y opresión). Tiene que ser así porque el pecado estructural mantiene postrados en situación de injusticia institucionalizada a millones de seres humanos, entre ellos, miles de creyentes evangélicos. Está pendiente, entonces, la articulación de una plataforma de acción misionera integral que apunte a una

---

[32] Información proporcionada por la misionera suiza Maja Datwyler, pastora de la Iglesia Evangélica Ekklesia, cuya visión misionera ha sido clave para el desarrollo misional de esta congregación en la ciudad del Cusco.

transformación radical de las condiciones y de la calidad de vida de los habitantes de las grandes urbes.

Las tareas colectivas pendientes

Ya se ha señalado que para una presencia misionera integral más eficiente y eficaz en la ciudad, desde la perspectiva del reino de Dios, se requiere articular una plataforma de acción que confronte directamente, además del pecado personal y del pecado social, el pecado estructural. Esto exige considerar previamente dos asuntos claves:

> El deber cristiano es representar a Cristo en el corazón de la ciudad. Esto requiere, de modo especial, la utilización de todo el pueblo de Dios, con sus diversas especialidades de dones y trabajos. Estas incluyen antropología, sociología, psicología, derecho, educación y muchos otros. No quiere decir que la Iglesia sea responsable de la capacitación para tales profesionales. Más bien significa que: (1) los cristianos que tienen estas profesiones tienen también un llamado sagrado a ejercer sus dones en la batalla por la resolución de los problemas internos de la ciudad (un llamado que es tan especial y tan santo como el del misionero, el evangelista o el pastor); y (2) la Iglesia tiene el deber claro de preparar a los cristianos para un ministerio profético, diaconal y comunitario hacia la ciudad secular (Rooy 1988:279).

Para conocer la ciudad, su estructura política, las relaciones de poder y las corrientes de pensamiento que interactúan en su interior y que tienen un efecto directo o indirecto en la conducta personal y colectiva de los habitantes de las grandes urbes, se necesita conocer y utilizar sabiamente el instrumental que nos proporcionan las diversas ciencias sociales. ¿Por qué? Porque como se subrayó años atrás en un documento de la Fraternidad Teológica Latinoamericana:

> Es fundamental para la misión urbana percibir cuáles son las estructuras sociales y económicas que organizan la ciudad a fin de entender las relaciones de poder y los intereses a los que sirven. Además, es necesario detectar cómo nuestras ciudades reflejan los conflictos y las crisis del continente latinoamericano. Con esta percepción la Iglesia puede encarnarse social y culturalmente sin temor a una eclesiología que le permita ser peregrina y

comunitaria, y romper el espíritu individualista de la ciudad (FTL 1989:141).

Los pastores y los líderes de las iglesias evangélicas urbanas necesitan comprender entonces que no tiene nada de nocivo, mundano o profano, utilizar el conocimiento que nos proporcionan las ciencias sociales en favor de la misión integral. Pero eso no es todo lo que se requiere. Sidney Rooy indica también que las iglesias evangélicas tienen en sus filas a personas que han sido formadas académicamente en las diversas disciplinas de las ciencias sociales (historiadores, sociólogos, antropólogos, trabajadores sociales, psicólogos, abogados, profesores) y que es fundamental dotarles de una cosmovisión bíblica para que desarrollen un ministerio profético, diaconal y comunitario en la ciudad. Esto exige tener un inventario de los recursos humanos con los que se cuenta y los que hacen falta para una inserción misionera más integral en la ciudad. Y exige, además, ampliar la comprensión que se tiene de la misión cristiana, reconociendo que el compromiso social y político es una dimensión legítima, ineludible e irrenunciable de la misma.

Por otro lado, desarrollar un ministerio profético, diaconal y comunitario en conexión con una congregación local implica una inserción misionera intencional en las estructuras de poder, vía los movimientos sociales y partidos políticos que confluyen e interactúan en la ciudad, sean o no espacios de interacción ciudadana en los que participan únicamente creyentes evangélicos o religiosos de otras confesiones. En otras palabras, los miembros de las iglesias evangélicas urbanas tienen que cruzar otras fronteras misioneras, más allá del círculo religioso en el que transitan cotidianamente. Esto exige insertarse en las organizaciones vecinales, asociaciones de padres de familia en las escuelas públicas, organizaciones de derechos humanos, instituciones que trabajan con niños y adolescentes en riesgo, centros de atención a las madres solteras y a las mujeres que sufren violencia en el hogar, entre otros movimientos de acción ciudadana que buscan proteger y defender a los sectores más indefensos y vulnerables de la sociedad.

Acertaba Orlando Costas, entonces, cuando hace varios años atrás señalaba que la misión del pueblo de Dios en la ciudad puede verse:

> ... en cuatro dimensiones interrelacionadas. Estas dimensiones tienen su epicentro en el evangelio, que es a la vez el fundamento

del pueblo de Dios, y se manifiestan tanto extensiva como intensivamente… **Dimensión evangelizadora.** La ciudad es campo de acción evangelizadora. El pueblo de Dios es enviado a la ciudad y desde ella a proclamar el evangelio, a llamar a todos sus habitantes al arrepentimiento y la fe, incorporándolos al discipulado de Jesús y a la vida de su cuerpo [la iglesia]… **Dimensión eclesial.** El pueblo de Dios es llamado no solo a hacer, sino a ser una comunidad distintiva en medio de la sociedad urbana… **Dimensión ecuménica.** El pueblo de Dios vive en dispersión. Su vida eclesial se da a lo largo y ancho de la ciudad. En esa dispersión surgen múltiples comunidades eclesiales con características y nombres propios. Si bien es cierto que esas comunidades se encuentran ya reunidas en Cristo, ello no opaca la exigencia bíblica de una visible demostración de la misma. Lo ecuménico (en la comunión y colaboración del pueblo de Dios disperso en comunidades eclesiales a través de una extensión territorial como la ciudad) no es optativo sino un imperativo misional… **Dimensión político-social.** Precisamente por ser primicias y signo de un nuevo orden de vida, el pueblo de Dios es llamado a participar de la vida pública. Es llamado a luchar por la justicia, a ayudar a combatir los males que hacen la vida inhumana… (Costas 1982:92–93).

Para desarrollar una acción misionera integral en las grandes urbes, considerando la propuesta de Orlando Costas, se requiere entonces tener un conocimiento básico de esa realidad específica y luego, sabiendo qué terreno misionero se está pisando, insertarse responsablemente en ese espacio geográfico concreto. Dos asuntos tienen que estar claros:

a) **Conocer la ciudad.** En esta tarea resulta particularmente útil el conocimiento que nos proporcionan las ciencias sociales. Y es sumamente importante la participación de los científicos sociales que las iglesias evangélicas tienen en sus filas a quienes se les debe ofrecer espacios de formación en el que se les trasmita la cosmovisión bíblica, es decir, la comprensión cristiana sobre Dios, la naturaleza, el hombre y la historia. Los historiadores, sociólogos, antropólogos, trabajadores sociales, psicólogos, abogados y profesores que forman parte de las congregaciones locales, son recursos humanos sumamente valiosos para la extensión del reino de Dios y para que la paz y la justicia de Dios se hagan visibles en la vida de personas, familias y sociedades que sufren los efectos nocivos de la injusticia institucionalizada.

Conocer la ciudad implica, entre otros asuntos, tener información precisa o de primera mano sobre problemas sociales como el pandillaje y la creciente inseguridad ciudadana, la violencia intrafamiliar y los embarazos precoces de adolescentes en edad escolar, la creciente deserción escolar, los efectos de la migración y los problemas que tienen los inmigrantes como la anomia y la paulatina pérdida de identidad cultural, la realidad del mestizaje cultural que tiene efectos visibles en la composición social y en la estructura del culto de las iglesias evangélicas. Conocer la ciudad implica también ser consciente de las relaciones de poder que se tejen en su interior, de las formas de comunicación que tienen los distintos sectores sociales que allí habitan y de las nuevas prácticas políticas que se generan en los espacios de acción ciudadana como los comités vecinales o las organizaciones de mujeres.

b) **Insertarse en la ciudad**. Esto exige comprender que la misión cristiana no tiene que limitarse al plano religioso de la vida humana, sino que tiene que cruzar múltiples fronteras sociales, culturales y políticas. Para ello se necesita contar con equipos misioneros interdisciinarios, con una formación teológica básica, con una cultura política mínima, con experiencia previa de gestión de proyectos sociales y comunitarios, y con una solidez ética que les permita enfrentar los círculos de corrupción y la tentación del protagonismo personal. Las iglesias locales urbanas pueden gestar sus propios proyectos sociales a favor del prójimo o trabajar al lado de las iglesias que ya tiene un programa de acción social estructurado, cooperar con los esfuerzos ciudadanos que con sus propios recursos o con la ayuda de otros luchan contra la pobreza o la injusticia, o cooperar con las acciones de organizaciones no gubernamentales sean estas evangélicas o no evangélicas. En otras palabras, la inserción misionera en la ciudad, demanda ampliar las fronteras de nuestras relaciones sociales.

Estos dos asuntos previos, conducen a otro tema más político, pero no menos valioso, necesario y clave en términos de misión integral transformadora.

c) **Transformar la ciudad.** Las palabras y los discursos pueden convencer y movilizar a un cuerpo social o a una determinada comunidad; sin embargo, no necesariamente cambian las relaciones de poder o las situaciones de violencia institucionalizada. Un paso político necesario será entonces meterse en los espacios en los cuales se deciden las políticas públicas que afectan a todos los ciudadanos. Dicho de otra manera, necesitamos que nuestros mejores cuadros o líderes, comiencen a tejer desde la base, nuevos modelos de dirigentes sociales y políticos. Dirigentes sociales y políticos que participen activamente en los movimientos sociales y en los gobiernos locales como alcaldes o regidores. Y que, desde esos espacios de poder, sean modelos ejemplares de gestión pública transparente, con rendición de cuentas periódica, y que permitan a todos los ciudadanos y vecinos acceso libre a la información y que acepten una fiscalización continúa.

¿Un sueño irrealizable? No es así. Conozco a un número creciente de dirigentes sociales y de activistas sociales de confesión evangélica (varones y mujeres) que son modelos ejemplares de gestión pública y que con su ejemplo nos demuestran que sí es posible ser un buen dirigente social y un buen político, sin perder en el camino, la identidad evangélica y la exigencia evangélica de predicar con el ejemplo la buena noticia del reino de Dios y su justicia.

La misión cristiana en el mundo urbano, como en el mundo rural, tiene que ser necesariamente integral. Cuando la misión de la iglesia se limita casi exclusivamente a la proclamación verbal del evangelio, desconectada de una preocupación por las buenas obras y la justicia, tendrá quizá como fruto visible a buenas personas o a buenos vecinos, con una ética privada destacada, pero con una ética pública pobre, deficiente y poco útil para la transformación social. Un evangelio mutilado, dedicado a la salvación de almas incorpóreas, desenchufado de la realidad histórica, jamás tendrá como producto final ciudadanos ejemplares. Ciudadanos preocupados por la búsqueda del bien común y comprometidos con acciones concretas de lucha contra la pobreza, defensa de los derechos humanos, cuidado responsable de nuestra casa común, protección de los sectores sociales indefensos o lucha por una democracia en la que todos los ciudadanos tengan igualdad de oportunidades.

Capítulo 7

La masculinidad de Jesús

Juan 21.9–13

Estamos poco acostumbrados a pensar y a aceptar en la práctica de vida de Jesús, gestos y acciones consideradas como asuntos exclusivos de las mujeres. Los estereotipos de masculinidad y femineidad predominantes, producto de conceptos patriarcales que se expresan en prácticas machistas visibles o encubiertas, actúan como barreras infranqueables para leer los Evangelios desde una óptica distinta. Desde una óptica liberadora y transformadora en las relaciones mujer-hombre, hombre-mujer.

La masculinidad, según las normas socialmente aceptadas y culturalmente validadas y justificadas, consideran como impropio de lo masculino expresiones naturales de nuestra humanidad como la ternura, derramar lágrimas (y peor aún si es públicamente), ocuparse de los quehaceres domésticos, cuidar y cargar a los niños cotidianamente, y manifestar nuestras emociones de manera visible. «Los hombres no lloran», «los hombres no son para la cocina», «los hombres no tienen que ser tiernos», «los hombres no se rinden», son frases que se escuchan con frecuencia en distintos espacios privados y públicos. Frases que reafirman, justifican y legitiman el machismo, presente incluso en las iglesias y en las familias evangélicas.

La ternura de Jesús, particularmente en su trato con los indefensos de la sociedad (mujeres, niños, cobradores de impuestos, enfermos de todo tipo, samaritanos), aparece como un eje transversal en los Evangelios. Una de las escenas más tiernas en los Evangelios es el momento en el que Jesús carga a los niños y ora por ellos. Jesús aparece en esta escena como una persona cuya ternura le conduce a desafiar y a cuestionar los estereotipos sociales, culturales y religiosos, según los cuales un maestro no podía perder el tiempo con personas insignificantes, como los niños o los infantes.

En un mundo en el que las mujeres estaban confinadas al desván de las relaciones sociales, Jesús de Nazaret, con sus palabras y sus gestos de amor y justicia, rompió frontalmente con las categorías sociales, culturales y religiosas de su tiempo, forjando nuevas formas de relaciones hombre-mujer, mujer-hombre, realizando tareas domésticas social y culturalmente asignadas a las mujeres.

Juan en el Evangelio que lleva su nombre es el único que registra un incidente de Jesús resucitado en el cual los discípulos son atendidos por el Maestro luego de una ardua jornada de trabajo en la que no habían pescado nada durante una noche y madrugada. Debió haber sido una experiencia difícil para ellos, pescadores expertos y diestros como estos campesinos galileos, no conseguir nada luego de tanto trabajo. Cansados, hambrientos y frustrados, tuvieron que seguir las instrucciones de un «desconocido» que, desde la orilla del Lago de Galilea, les ordenó que echaran la red al lado derecho, y la pesca que lograron fue abundante: 153 peces grandes (Jn 21.11).

Llama la atención que Jesús, a diferencia de muchos de los hombres de su tiempo (y también de hoy), realizó acciones inusuales, «inapropiadas», fuera de lugar, para el común de los hombres en las sociedades patriarcales y machistas. Jesús cocinó para los discípulos un desayuno reparador y saludable (pescado asado y pan), hizo las veces de anfitrión u hospedador, y sirvió los alimentos a pescadores cansados, hambrientos y frustrados. En todas esas acciones, consideradas como «femeninas» o propias de las mujeres, para nada menguó su masculinidad, hombría u hombridad.

Juan en su relato subraya que cuando los discípulos descendieron de la barca «vieron brasas puestas, y un pez encima de ellas, y pan» (Jn 21.9). ¿Cómo consiguió Jesús el pescado? ¿Lo compró a los pescadores a orillas del Lago de Galilea o el mismo lo pescó? Antes de poner el pez a la brasa, ¿lo lavó, limpio y retiró las partes no comestibles o las vísceras? ¿Cómo consiguió la leña para las brasas? ¿Las recogió el mismo, las compró? Cualquiera sea la respuesta a estas preguntas, no queda duda que Jesús se ensució las manos, trabajó con esmero, con el fin de preparar y servir un desayuno nutritivo para los cansados pescadores galileos. ¡Jesús hizo las veces de cocinero experto!

En el relato se destaca también que Jesús, además de preparar el desayuno, invitó a los discípulos para que se sirvan del pan y del pescado que él tenía listos para comer: «Les dijo Jesús: Venid y comed...» (Jn 21.12). ¡Hizo las veces de anfitrión u hospedador! Fue amable, bondadoso y gentil. Pero allí no terminaron las acciones de Jesús en favor de sus discípulos cansados, frustrados y hambrientos. Seguidamente, Juan en su relato, registra que Jesús: «...tomó el pan y les dio, y asimismo del pescado (Jn 21.13). ¡Jesús actuó como una «ama de casa», como un sirviente, como un criado!

Cuando Jesús realizó todas estas acciones que, social y culturalmente, estaban asignadas a las mujeres y eran propias de ellas o del mundo femenino del primer siglo (y también de este tiempo), ¿perdió su masculinidad, hombría u hombridad? ¿Se «afeminó» Jesús por hacer las veces de cocinero, anfitrión y servidor? ¿Puso en riesgo su masculinidad o con sus acciones de servicio más bien afirmó que la masculinidad, la hombría u hombridad, no depende de esas acciones, sino de la capacidad de no hacer diferencias y de servir a todos sin prejuicios de ningún tipo?

Los gestos y las acciones de Jesús enseñan que la masculinidad no depende ni está limitada a lo que, en las sociedades patriarcales, machistas y piramidales, se ha determinado que son los papeles o roles que les competen a los hombres. La masculinidad, según la práctica y el ejemplo de Jesús, se expresa y se vive también en el servicio desinteresado al prójimo. La masculinidad no se mella, disminuye, desfigura o altera, cuando un hombre cocina, atiende y sirve a los demás, o cuando un hombre realiza tareas consideradas «femeninas» o de mujeres. Estas acciones no son ni deben ser tareas exclusivas de las mujeres. La feminidad no se reduce a estas prácticas socialmente aceptadas y culturalmente justificadas como «asunto de mujeres» o quehaceres femeninos. La práctica de Jesús nos enseña que no tenemos que aceptar pasivamente que la masculinidad se reduzca a lo que la sociedad y la cultura consideran como «masculino» o «femenino».

La masculinidad y la femineidad no es cuestión de papeles o roles asignados socialmente, validados culturalmente y justificados con la Biblia en la mano. La masculinidad y la femineidad no se reducen, limitan o confinan a ser tiernos, derramar lágrimas, ocuparse de los quehaceres domésticos o cuidar y cargar a los niños. La ternura, el dolor y las lágrimas, cocinar o preparar la mesa, ocuparse de los niños, no es asunto exclusivo de mujeres, sino de ser plenamente humanos, verdaderamente humanos, auténticos, vulnerables, solícitos, amables. Tiene que ver con expresar nuestra humanidad en la cotidianidad de las relaciones con el prójimo a quien estamos llamados a amar, servir y acompañar en cada tramo del camino. De lo que se trata es de ser solidarios y generosos en la alegría y en el dolor que compartimos como miembros de la familia humana. Se trata de ser lo que somos por la gracia de Dios, sin menospreciar o desvalorizar la condición humana del prójimo, su sexualidad y sus emociones, y valorar y respetar la manera como expresa su masculinidad o femineidad en la cotidianidad de su peregrinaje humano.

La práctica de Jesús nos enseña a romper con los estereotipos y con las categorías sociales y culturales dominantes que cosifican a las personas limitando sus saberes, destrezas y aspiraciones. Cocinar, atender y servir a los demás, al prójimo, no es asunto de «mujeres» o quehaceres que solo les corresponde a ellas. Es asunto de ser seres humanos, plenamente humanos, de ser verdaderos hombres y verdaderas mujeres. Es asunto de construir mejores relaciones humanas, mejores canales de comunicación entre todos, mejores prácticas de justicia en favor del prójimo que necesita que le sirvan el desayuno, cuando luego de las vicisitudes de la vida anda cansado, hambriento y frustrado, como los discípulos a orillas del Lago de Galilea.

Capítulo 8

Pentecostales, teología y academia

¡Los pentecostales no piensan! ¡Los pentecostales no razonan! ¡Los pentecostales basan sus creencias y prácticas solo en la experiencia! Estas han sido expresiones, afirmaciones y comentarios que con demasiada frecuencia he escuchado durante años en diversos espacios evangélicos y no evangélicos. ¿Hasta qué punto son ciertas estas expresiones, afirmaciones y comentarios de personas que no forman parte de la heterogénea familia pentecostal? ¿Dan cuenta de lo que realmente somos los pentecostales o son exageraciones, malos entendidos o estereotipos, basados en prejuicios, desinformación y recelos? Habría que conocer más de cerca las fibras internas de nuestra fe en Dios, de nuestra militancia cristiana, de nuestro compromiso con la vida y de nuestra apuesta misionera por el pueblo de a pie, para comprender un poco mejor donde se forja nuestra teología y por qué el culto es el espacio natural o la «fabrica social» donde se produce y reproduce nuestra comprensión de Dios y de su acción en el mundo. Comprensión que luego se expresa en la cotidianidad de nuestro andar en el Espíritu, tanto en la vida privada como en el espacio público, en la familia y en todo el tejido social. Y es así, porque para un pentecostal, la Fiesta del Espíritu (el culto), da cuenta de la inmediatez del amor y de la justicia de Dios. Justicia y amor que tienen que expresarse también en la lucha por la justicia en todos los campos de la vida humana. De acuerdo a un teólogo pentecostal:

> …la iglesia pentecostal debe verse a sí misma no sólo como un locus para la liberación personal, sino también como un locus para la liberación social, ya que la misión de la iglesia incluye el compromiso de librar una lucha de poderes contra las estructuras de pecado y de maldad (Villafañe 1996:173).

Habrá que subrayar además que, aunque suene extraño para unos, incluso para los propios pentecostales, la teología pentecostal se genera o produce en el culto y se expresa en los cantos, las oraciones y los testimonios de los creyentes de a pie. Es teología oral que da cuenta del peregrinaje cotidiano de personas que cada día tienen una historia nueva y distinta que contar acerca del amor, misericordia, fidelidad, provisión y justicia de Dios. Es teología que brota de la cotidianidad de una relación con Dios y que expresa la inmediatez de su amor y de su justicia. Para el creyente pentecostal, Dios camina o peregrina a su lado, como compañero fiel e inseparable que le escucha, consuela, afirma, sostiene y protege en cada tramo del camino.

¿La oralidad es la única forma de expresión teológica del pentecostalismo? Se tendría que considerar además de los cantos, las oraciones, los testimonios y las predicaciones, los movimientos del cuerpo al ritmo de la música y del impulso del Espíritu que le imprimen al culto pentecostal el ambiente festivo donde las manos se entrelazan y las voces se unen para exclamar: ¡Bendito sea el Señor! ¡Alabado sea Dios! ¡Aleluya! ¡Gloria a Dios! El culto es una fiesta en la que todos participan hablando y no hablando, cantando o en silencio, alzando las manos o de rodillas, danzando o con gestos, con lágrimas en los ojos o con exclamaciones de alegría que dan cuenta de la presencia soberana de Dios, por medio de su Espíritu, para salvar, sanar, liberar, bautizar en el nombre de Jesús. La teología pentecostal no se circunscribe al discurso escrito, tampoco se agota en la oralidad o en la palabra, incluye toda la vida: la palabra y las acciones, el movimiento del cuerpo y el abrazo fraterno, la celebración comunitaria, la vida en familia y en el espacio público, la ética del trabajo y la solidaridad con el prójimo, la administración de los recursos materiales y el desprendimiento generoso del mismo. La teología pentecostal es palabra, acción y vida que se expresa en el discurso escrito, en el movimiento del cuerpo, en los gestos. La teología pentecostal se expresa entonces a través del lenguaje escrito, el lenguaje hablado, el lenguaje corporal y lenguaje gestual:

> ...la religiosidad pentecostal es un hecho cultural con toda su complejidad profano-religiosa. Son experiencias religiosas que brotan desde una experiencia de opresión, buscando, a través de gestos, música, alegría, manifestar su protesta social. Esta protesta social es casi siempre una protesta inconsciente. Es una protesta

simbólica contra una sociedad hostil que no permite una plena realización humana, y ofrece solo la agobiante inseguridad social y económica» (Álvarez 1992:90).

Los teólogos y académicos de confesión pentecostal, cuando escribimos «papers» (ponencias, ensayos), libros, o damos «lectures» (conferencias), solo transmitimos además de nuestra experiencia y de nuestra observación participante, la teología que se produce en el culto y que se expresa en las relaciones humanas cotidianas dentro y fuera de la esfera religiosa de la vida. No inventamos nada. Lo que escribimos no es producto o resultado de la mera elucubración o del puro interés académico. Damos cuenta de lo que ocurre, provocado por el Espíritu, al interior de un pueblo que piensa, siente y vive la presencia del Dios Trino y Uno en el entramado de su trajinar humano jalonado por la esperanza que se resume magistralmente en su patrón cristológico: ¡Cristo salva, sana, santifica, bautiza con Espíritu Santo y es Rey que viene otra vez! Todo lo que decimos, hacemos o expresamos en nuestros escritos y en nuestra vida, parte de esta confesión de fe cristológica y de la forma como nos encontramos con Dios en el culto y en la cotidianidad de la vida.

Hacemos teología desde que nos levantamos hasta cuando nos acostamos, porque toda la vida es una ofrenda a Dios, toda palabra y toda acción una respuesta a la gracia de Cristo, y toda relación con el prójimo un signo visible de la presencia del Espíritu que insufla vida donde la muerte busca imponer su reino de violencia, destrucción y ausencia de amor y justicia. La teología no es extraña para nosotros, tampoco la academia; sin embargo, la fe y la práctica de vida que asumimos, no se encajona en los que otros digan o afirmen acerca de nosotros. Hacemos teología desde abajo, desde el mundo de los crucificados que han resucitado para servir a Dios y al prójimo, desde la periferia de la historia para cambiar la historia de los que siempre han estado ausentes de la historia oficial, desde los insignificantes que encontraron en el Dios de la vida el sentido de la vida y recuperaron la palabra que les fue robada por los que presumen de tener el poder último en la historia.

Capítulo 9

Pentecostalismo y espacio público

Vida en el Espíritu, política, ciudadanía e incidencia pública

Introducción

¿Pentecostalismo y espacio público? ¿Pentecostalismo, política, ciudadanía e incidencia pública? Para muchos pentecostales y no pentecostales, puede resultarles extraño y hasta pueden sospechar de infiltración política, cuando se vincula al pentecostalismo con los asuntos públicos y la agenda pública. ¿Por qué? Porque la inmensa mayoría del pentecostalismo latinoamericano y caribeño, ha tenido una postura «apolítica» y contraria a la política, y ha considerado la política como un asunto mundano, una práctica carnal, un negocio propio de los no creyentes, y un territorio bajo el dominio del diablo y sus operadores humanos.

A pesar de estas posibles observaciones y sospechas, para responder a las preguntas formuladas, y como un correctivo a la comprensión sesgada y limitada que se tenía (y se tiene todavía) sobre la vida en el Espíritu en un amplio porcentaje del movimiento pentecostal latinoamericano y del Caribe, se tiene que precisar que la vida en el Espíritu no se restringe ni se confina a la práctica personal y comunitaria de las disciplinas espirituales, a las manifestaciones extáticas en las reuniones religiosas o al ejercicio de los dones del Espíritu en las reuniones comunitarias. La vida en el Espíritu tampoco se reduce al ámbito privado, a una preocupación exclusiva y excesiva por los temas de ética sexual, o a la simple proclamación verbal de la buena noticia de salvación.

La vida en el Espíritu

La vida en el Espíritu no hace dicotomía entre lo religioso y lo secular, lo privado y lo público, lo sagrado y lo profano. La vida en el Espíritu exige una preocupación por todo el ser humano y por todo lo humano, y un compromiso con todas las necesidades humanas: materiales, espirituales, emocionales, familiares, ciudadanas. La vida en el Espíritu implica amar la vida y, por eso mismo, defenderla de todas las violencias. La vida en el Espíritu exige liberar a la persona humana de toda forma de opresión y explotación visible o encubierta. La vida en el Espíritu se vive aquí y ahora en la realidad material en la que seguimos y servimos al Dios de la vida.

Quien afirma vivir en el Espíritu y que sigue al Dios de la vida, no puede aceptar como algo «normal», ninguna forma encubierta o visible de injusticia institucionalizada. Y, por esa razón, luchará incansablemente —sin hacer uso de la violencia y mediante la no violencia activa— para que la justicia plena sea una realidad cotidiana en todas las dimensiones de la vida humana. La lucha por la justicia no está reñida con la vida en el Espíritu. La lucha por la justicia expresa más bien que quien ama la vida, está dispuesto a defenderla, enfrentándose a todas las violencias. Es así porque:

> ...el que dice a la vida un sí de verdad, dice no a la guerra. El que ama a fondo la vida, odia la pobreza. Quienes afirman y aman realmente la vida se enfrentan inevitablemente con la violencia y la injusticia. No se acostumbran a ellas, no se acomodan, resisten (Moltmann 1998:11).

A la luz de lo señalado previamente, para un ciudadano de confesión pentecostal, insertarse en el espacio público, ejerciendo su ciudadanía y buscando incidir en la formulación e implementación de las políticas públicas para que estas tengan como horizonte el bien común, la igualdad de oportunidades para todos y la justicia social; antes que una negación de la identidad pentecostal, constituye una forma concreta de vivir en el Espíritu y de dar cuenta de su compromiso con el reino de vida del Dios de la vida. En ese proceso de ejercicio responsable de la ciudadanía:

> La meta debe ser mostrar la no violencia como estilo de vida. Nunca debemos ceder espacio para que impere la violencia. La

claridad, iluminación y fortaleza de nuestro espíritu, será el mejor reflejo de que hemos sido capacitados para romper las cadenas de la violencia del opresor y refugiarnos en la aurora de justicia y libertad que emerge como fruto de nuestro estilo de vida no violento (Estrada 2003:148).

La herencia pentecostal

Reflexionar sobre el pentecostalismo, la vida en el Espíritu, la Política, la Ciudadanía y la Incidencia Pública; exige repensar en el Movimiento Pentecostal como un sujeto social y como un actor político inmerso en una realidad histórica concreta. Reducir su presencia, testimonio e incidencia al campo religioso de la vida humana, es ignorar sus raíces históricas como un movimiento contestatario a la sociedad circundante y su acción liberadora en favor de los pobres y los oprimidos. ¿Por qué? Porque el pentecostalismo, desde su irrupción en el escenario religioso mundial, buscó relaciones humanas horizontales e igualdad de oportunidades para todos, confrontándose directamente con el racismo y la segregación racial. Así fue la experiencia espiritual y social de la *Apostolic Faith Mission*, la comunidad pentecostal de la calle Azuza, en la cual «la división de la línea de color fue borrada por la sangre de Cristo» (Faupel 1996:258).

El pentecostalismo fue además una comunidad de igualados que puso en práctica el principio protestante del sacerdocio de todos los creyentes y una comunidad anti-sistema que con su estilo de vida rompió con la mentalidad y la práctica patriarcal predominante en las sociedades en las cuales se instaló (Robeck 2006).[33] Esa realidad explica porqué, de la comunidad pentecostal de la calle Azuza, se afirma que en ella: «obispos blancos y trabajadores negros, hombres y mujeres, asiáticos y mejicanos, profesores blancos y lavanderas negras, fueron iguales» (Hollenweger 1999:41). El pentecostalismo fue también un movimiento pacifista que se opuso a todas las violencias (Alexander

---

[33] De acuerdo a Robeck: «Hombres y mujeres de todos los «colores» [razas] estaban juntos, buscando a Dios para recibir el bautismo del Espíritu Santo. Los creyentes intercambiaban «besos santos» y abrazos más allá de las diferencias de género y raciales (Robeck 2006:141).

2009) y un movimiento que dignificó a las personas que la sociedad tenía como menos importantes, descartables o sobrantes.

La historia de la primera generación de pentecostales enseña también que su teología y su propuesta misionera, además de tener una visión global de alcanzar al mundo con el mensaje pentecostal (Cristo sana, salva, santifica, bautiza con el Espíritu Santo y es Rey que viene otra vez), tuvo una especial preocupación por la situación de orfandad material en la que se encontraba el prójimo indefenso. La creación de albergues y orfelinatos; la presencia misionera en los espacios geográficos habitados por los pobres y los oprimidos, tanto en el Norte como en el Sur del mundo; la dignificación de la mujer y su papel protagónico en la expansión misionera de este movimiento; y el establecimiento de congregaciones locales en las que los vulnerables de la sociedad recuperaban la palabra, se convertían en sujetos y en protagonistas, y desaparecían las diferencias sociales; dan cuenta de que no separaron en compartimientos estancos la vida privada y la vida pública, la ética personal y la ética social.

Todo lo señalado hasta el momento puede explicar porqué se afirma que los años formativos del movimiento pentecostal estadounidense, antes que simplemente la infancia de este movimiento, tienen que ser vistos como el corazón o la esencia del mismo (Faupel 1996:309; Land 1997:26; Anderson 2004:45). Particularmente, porque en esos años formativos cruciales, se tejieron sus características distintivas como una sociedad alternativa a la sociedad predominante y como un movimiento de protesta social y política. Al respecto, sobre la composición social de la comunidad pentecostal de la calle Azuza, se ha afirmado lo siguiente:

> En cierto sentido, el pentecostalismo norteamericano inicial tipificado por Azusa Street, fue un movimiento revolucionario en el que los marginados y los desposeídos, fueron tratados como iguales, a pesar de su raza, género, o clase social» (Anderson 2004:45).

Teniendo en cuenta este pasado revolucionario del movimiento pentecostal, comenzaremos nuestra reflexión sobre el pentecostalismo latinoamericano y del Caribe, ubicando primero al sujeto de estudio en el escenario histórico en el cual se encuentra actualmente. Seguidamente, examinaremos las lecturas y las prácticas políticas predominantes en sus filas para, después, hacer un breve repaso de los antecedentes bíblicos pensando especialmente en algunos de los personajes del Antiguo Testamento que son tomados usualmente como modelos de presencia pública. A continuación, plantearemos los criterios mínimos a tener en cuenta para incursionar en el espacio público para, finalmente, plantear un programa mínimo de acción social y política que exprese nuestra comprensión de la política, la ciudadanía y la incidencia pública.

Una nueva realidad

¿Qué ha pasado en los últimos años en el campo religioso latino-americano y del Caribe? La Iglesia Católica Romana, si bien sigue siendo todavía la confesión religiosa mayoritaria (cultural, nominal y estadísticamente hablando), sin embargo, ya no es la única iglesia que predomina en el campo religioso ni la única iglesia que conduce espiritualmente a los pobres y a los oprimidos. El campo religioso se ha rediseñado y diversificado con la presencia de nuevas confesiones religiosas, entre ellas, la creciente comunidad evangélica de la cual forma parte el movimiento pentecostal.

La comunidad evangélica en sus diversas expresiones, con un poco más de 100 años de presencia misionera, constituye la primera minoría religiosa o la segunda fuerza religiosa, y su campo de acción misionera ya no se reduce únicamente, como en el pasado, a la esfera religiosa de la vida humana. En las últimas décadas, su comprensión y práctica de la misión cristiana se fue ampliando, hasta incluir la dimensión social y política como tareas legítimas de la acción misionera de las iglesias y de los creyentes. Actualmente, y a diferencia de años anteriores, un sector minoritario pero creciente de iglesias locales localizadas en las zonas periféricas de la ciudad y del campo, tiene programas y proyectos de servicio y acción social, cuyos beneficiarios directos son las familias que viven en situaciones de pobreza y pobreza extrema, marginalidad y exclusión social, opresión y explotación.

Además de lo señalado previamente, actualmente se observa también que pastores y miembros de las iglesias evangélicas (y entre ellas las iglesias pentecostales) han incursionado en la vida pública como autoridades o como candidatos en las elecciones políticas, y en algunos casos han resultado electos como autoridades y tienen una gestión pública destacada, aunque se ha tenido también experiencias lamentables en este campo de la vida ciudadana (López 2004). No es nada extraño tampoco, a diferencia de años anteriores, que miembros de las iglesias evangélicas participen activamente en los movimientos sociales que son las fuerzas vivas de la sociedad civil. Y no es una novedad comprobar que las iglesias evangélicas en diferentes realidades sociales y políticas, estén siendo consideradas como referentes claves para los procesos de paz y de reconciliación, servir como garantes en las elecciones políticas, o como intermediarios en el diálogo social y político entre la sociedad civil y el Estado.

Esta nueva realidad, impensable dos décadas atrás, plantea varios desafíos pastorales a la comunidad pentecostal en América Latina y el Caribe. Desafíos que exigen respuestas claras desde un marco bíblico-teológico y socio-político, así como un diálogo fluido con los otros actores colectivos que interactúan en el espacio público, sean estos creyentes o no creyentes. Entre otras razones, porque la política y la agenda pública son asuntos que les competen a todos los ciudadanos, independientemente de sus creencias religiosas o de sus simpatías partidarias, militancia y prácticas políticas.

¿Cuáles son los desafíos que tienen que afrontar los pentecostales en la actual coyuntura social, política y religiosa de América Latina y el Caribe? En la coyuntura actual se pueden identificar dos desafíos concretos vinculados con los temas de la política, la ciudadanía y la incidencia pública.

En primer lugar, aunque la política y la agenda pública son asuntos que les competen a todos los ciudadanos, sin embargo, es necesario subrayar que la incursión en la política partidaria, en los movimientos sociales y en la vida pública, es un campo de acción ciudadana para personas con vocación para transitar en esas fronteras misioneras poco conocidas para la inmensa mayoría de los creyentes pentecostales. Dicho de otra manera, las personas con vocación para la política y para la función pública, tienen que conocer previamente lo que se hace en el espacio público, y tienen que saber cómo actuar en un terreno en el cual no son suficientes las buenas intenciones, las convicciones religiosas, el discurso religioso y el buen testimonio.[34]

---

[34] Sobre las dificultades que tienen los creyentes que, sin experiencia y de manera improvisada, incursionan en el espacio público, se acota lo siguiente: «...es también una tentación creer que basta con ser honestos y bien intencionados para ser buenos cristianos en la vida política. Un parlamentario tendrá que votar presupuestos, participar en decisiones sobre relaciones internacionales, legislar cuestiones sociales que afectan la salud, el empleo, la educación la seguridad, Un funcionario político tiene que administrar reglamentaciones, decidir procedimientos. Es necesario que

En segundo lugar, todos los ciudadanos tenemos que comprender que la ciudadanía plena y la incidencia pública, se tienen que traducir en acciones políticas concretas orientadas a la construcción de una democracia de ciudadanos en la cual la igualdad de oportunidades, la búsqueda del bien común y la justicia social, sean más que promesas electorales y más que un conjunto de leyes que no se cumplen. En tal sentido, a todos los ciudadanos, creyentes y no creyentes, nos corresponde ejercer vigilancia ciudadana. Esto exige e implica demandar a los políticos y a los funcionarios públicos, transparencia en la gestión, rendición de cuentas, buen uso de los fondos públicos y acceso a la información.

A la luz de estos dos desafíos concretos, lo que se espera de los pastores y de los miembros de la comunidad pentecostal es que tengan una mejor comprensión de la democracia, la acción política, la ciudadanía plena y la incidencia pública. ¿Qué implica esta exigencia para un sector poco acostumbrado a transitar en el espacio público? Dos asuntos son claros:

En primer lugar, para tener un mejor ejercicio de la ciudadanía es importante comprender que la política, la ciudadanía plena y la incidencia pública, no se reducen a la participación en los procesos electorales o la incursión en los espacios de poder vinculados al Estado y a las instituciones del Estado. La política, la ciudadanía plena y la incidencia ciudadana, tienen que ver también con la participación activa en los movimientos sociales y en los partidos políticos y con la presencia de ciudadanos de confesión evangélica pentecostal en la administración pública. La experiencia de los últimos años enseña que a los creyentes pentecostales con vocación para la acción social y política, les resulta más familiar la inserción en los movimientos sociales cuyo interés apunta al corto y mediano plazo, y que es un camino mucho más accesible que el de la participación en los partidos políticos y en los procesos electorales como candidatos a las alcaldías, regidores o congresistas.[35] Esta realidad explica porqué

---

sepa lo que se hace» (Míguez 1999:14–15).

[35] Debido a su valor para nuestra reflexión, aunque se trata de una cita extensa, transcribimos el punto de vista de un destacado teólogo latinoamericano: «La falta de experiencia de quienes asumen estas responsabilidades —en no pocos casos pastores cuya popularidad local se ha construido desde su liderazgo religioso o actividad benéfica— los hace muy vulnerables a las tentaciones del poder o a las *artimañas* de una política caracterizada por el clientelismo. Tal vez sería deseable que la creciente

se puede encontrar actualmente en diversas realidades sociales y políticas a creyentes pentecostales participando activamente en las organizaciones vecinales, en las asociaciones de padres de familia en las escuelas públicas, en las organizaciones de derechos humanos, en las instituciones que trabajan con niños y adolescentes en riesgo, y en los centros de atención a las madres solteras y a las mujeres que sufren violencia en el hogar, entre otros movimientos de acción ciudadana que buscan proteger y defender a los sectores más vulnerables e indefensos de la sociedad.

En segundo lugar, comprender que el evangelio es una verdad pública. Es decir, comprender que el evangelio no es un mensaje privado confinado a los templos, ni un discurso religioso para almas incorpóreas. Es Palabra de Dios que interpela y desnuda los pecados personales y estructurales. Palabra que dignifica a las culturas y Palabra que provoca transformaciones sociales. Es una buena noticia que tiene que discurrir en todas las fronteras de la vida humana. Tiene que ser así, porque cuando la misión de la iglesia se limita casi exclusivamente a la proclamación verbal del evangelio, desconectada de la preocupación por las buenas obras y la justicia social, tendrá quizá como fruto visible a buenas personas o a buenos vecinos, con una ética privada destacada, pero con una ética pública pobre, deficiente y poco útil para la transformación social. Un evangelio mutilado, dedicado a la salvación de almas incorpóreas, desconectado de la realidad histórica, difícilmente tendrá como producto final ciudadanos ejemplares preocupados por la búsqueda del bien común y comprometidos en la lucha contra la pobreza, la defensa de los derechos humanos, el cuidado responsable de nuestra casa común o en la gestación de una democracia en la que todos los ciudadanos tengan igualdad de oportunidades, acceso a la justicia, trabajo digno, y educación y salud públicas de calidad.

---

conciencia social de estas y otras comunidades evangélicas que habitualmente han estado ausentes de la actividad política se encaminaran por la participación en los movimientos sociales: asociaciones vecinales, grupos que se ocupan de diversos intereses de la comunidad, asociaciones de consumidores, movimientos ecológicos, entidades de derechos humanos, asociaciones cooperadoras de escuelas u hospitales y otras muchas formas de participación social a nivel local o nacional. En primer lugar, porque las metas y propósitos están más acotados y específicamente definidos, y los creyentes pueden participar más confiadamente; en segundo lugar, porque las relaciones son más personales y cara a cara, más semejantes a lo que están acostumbrados en la comunidad eclesial y, finalmente, porque hay menos nivel de corrupción y la lucha por el poder es menos violenta» (Míguez 1995:71).

Las lecturas y las prácticas políticas

La presencia pública de los ciudadanos de confesión pentecostal no siempre tiene las mismas características en todas las realidades sociales y políticas en las que se encuentran. Estas dependen de su comprensión de la democracia y de la política, así como de la teología que legitima esa comprensión.[36] Para conocer un poco más sobre la comprensión que tienen de la democracia y la política, habría que plantearse preguntas como la siguiente, ¿cuáles son las lecturas y las prácticas políticas habituales de los ciudadanos pentecostales en una realidad en la cual se generan mayores espacios de participación ciudadana y en la que las iglesias pentecostales tienen la necesidad de involucrarse en los asuntos públicos? Para responder a esta pregunta se tiene que conocer primero, si cuando los pentecostales irrumpen en la vida pública coadyuvan al fortalecimiento de la democracia, de la plena ciudadanía y el desarrollo; o si más bien, con sus prácticas sociales y políticas, cooperan con regímenes corruptos y violadores de derechos humanos, y legitiman y justifican el desmantelamiento de las instituciones democráticas.

Es necesario precisar entonces que en el movimiento pentecostal (y en el conjunto de la comunidad evangélica latinoamericana y del Caribe), con sus matices respectivos en cada país, existen dos abordajes distintos entre sí, sobre la política, la ciudadanía plena y la incidencia pública.

Una mirada analítica panorámica, da cuenta de que, para un vasto sector de pastores y miembros de las iglesias pentecostales, se trata simplemente de tener presencia en los espacios de poder y capturarlos con el objetivo de defender sus intereses político-religiosos: libertad de conciencia y de religión, y asuntos ético-morales como la «familia natural» o «familia bien constituida», el aborto y la unión civil de personas del mismo sexo. Es decir, no han comprendido que la política es una opción personal, antes que una opción institucional u orgánica, y que la política tiene que ver con el bien común antes que con intereses particulares. Dicho de otra manera, necesitan comprender que no se tiene que utilizar a la comunidad religiosa con fines políticos partidarios, ni comprometer orgánicamente a toda la iglesia en el

---

[36] Amos Yong ha escrito un valioso libro que es una buena plataforma para una discusión de las teologías políticas que coexisten e interactúan en el seno de la comunidad pentecostal en distintas realidades históricas (Yong 2010).

apoyo a candidaturas políticas o a regímenes políticos cualquiera sea su orientación ideológica. Este sector de pastores y miembros de las iglesias pentecostales, considera además que las políticas de Estado tienen que formularse a partir de creencias y criterios religiosos. Ellos no tienen en cuenta que la política tiene que ver con legislar para el bien común, el buen gobierno, la justicia social, con compartir el poder y con educación para incursionar en el espacio público.

Esa misma mirada analítica panorámica, indica también que, para un sector minoritario, pero creciente, de los pastores y miembros de las iglesias pentecostales, la participación política y la incidencia pública, más allá de los intereses religiosos particulares, se relacionan con una afirmación de su ciudadanía. Intervienen en los asuntos públicos porque consideran que allí se construye ciudadanía y porque es un espacio en el cual se incide, se negocia y se formula agenda para el bien común. Dicho de otra manera, consideran que se tiene que estar presente en los espacios de poder porque son los lugares en los que se debate, se analiza y se articulan propuestas para la defensa y la consolidación de la democracia. Más aún, afirman que para incursionar e incidir en el espacio público, se tiene que articular un discurso público y se tiene que formar a los cuadros políticos que estén suficientemente informados sobre la práctica del poder, la democracia, los derechos constitucionales, la realidad nacional, entre otros.

Existen, entonces, claras diferencias entre estos dos sectores de la comunidad pentecostal, respecto a su comprensión de la política y la práctica política. Estas diferencian se basan en las dos formas distintas de comprender la democracia y, dentro de ella, la incursión en la vida pública de los pastores y miembros de las iglesias pentecostales. Las siguientes pueden ser las preguntas claves para comprender sus motivaciones y su horizonte político: ¿Cómo incursionar en la vida pública? ¿Cuál es la plataforma política desde la cual actuar personal y colectivamente en la vida pública? ¿Para qué se tiene que estar presentes en los espacios de poder político? ¿Los pastores, debido a su condición de líderes espirituales de una comunidad religiosa, dejan de ser ciudadanos y tienen que abstenerse de opinar sobre los asuntos públicos y ser neutrales cuando está en juego el presente y el futuro del país?

Varias son las lecciones que se desprenden de la comprensión y la práctica política predominantes en el pentecostalismo latinoamericano y del Caribe. Mencionamos dos de estas lecciones:

En primer lugar, que en democracia no se puede esperar que todas las iglesias, pastores y miembros de las iglesias pentecostales, tengan la misma opinión, las mismas prácticas y opciones, las mismas preferencias y simpatías, y una misma militancia política. Esto explica por qué, cuando votan en las elecciones periódicas, su apoyo electoral no va en una misma dirección o su sigue una misma orientación política-electoral. En otras palabras, el voto de los miembros de las iglesias no es homogéneo ni sigue las consignas u orientación partidaria de liderazgo de las iglesias.

En segundo lugar, considerando lo dicho previamente, sería un lamentable error pastoral y político, fundar un partido político confesional para la captura del poder e imponer la fe evangélica utilizando las estructuras de poder. Además, sería un lamentable error pastoral y pretender que, orgánicamente, las iglesias pentecostales se comprometan, justifiquen o legitimen una opción político-partidaria en particular, o se identifiquen con el gobierno de turno cualquiera sea su disfraz ideológico y con políticos novatos, improvisados y corruptos.

Los antecedentes bíblicos

A la luz de lo señalado hasta el momento, cabe aquí una breve reflexión bíblica para responder directamente a los pastores y miembros de las iglesias pentecostales que creen y enseñan, desde el púlpito o desde la cátedra, que basta con ser un buen creyente (pastor, líder o miembro), honesto y bien intencionado, para ser un buen político y un buen activista social y político.

¿Qué nos enseña la historia de los personajes bíblicos del Antiguo Testamento que a menudo se mencionan y se utilizan como modelos para justificar, legitimar y apoyar con entusiasmo «súbitas» vocaciones políticas o llamados inesperados «para ser cabeza y no cola» en los pasillos del poder? ¿Los creyentes estamos obligados a apoyar política y electoralmente a personas sin ninguna preparación, experiencia o conocimiento de la política y de la realidad histórica? ¿Estamos autorizados para instrumentar pasajes de la Biblia y a los miembros de las iglesias para favorecer al candidato o candidatos de nuestra simpatía o preferencia política?

Teniendo en cuenta que todos estos personajes del Antiguo Testamento que se utilizan como «referentes» para la presencia pública de los creyentes, vivieron en realidades históricas con estructuras sociales y políticas, y relaciones de poder, distintas a las actuales (no vivieron en democracia, no participaron en elecciones políticas, no había ni partidos políticos ni una sociedad civil organizada, y tampoco libertades civiles ni derechos humanos, etc.), nos concentraremos en las lecciones permanentes que no ha dejado su tránsito y su experiencia en los pasillos y el epicentro del poder de los imperios de su tiempo.

Los personajes del Antiguo Testamento que con frecuencia se utilizan como referentes o como modelos de participación social y política de los creyentes (Moisés, José, Daniel, Nehemías, Mardoqueo, Ester, entre otros), no llegaron a los espacios de poder utilizando a otras personas como masa de maniobra política, porque la correlación de fuerzas políticas les fue favorable en determinada coyuntura histórica, o debido a sus relaciones políticas del más alto nivel, y a sus buenas intenciones. Ninguno de ellos fue un novato, un ingenuo, un aprendiz, un improvisado, un oportunista o un ambicioso. Todos ellos llegaron a los espacios de poder, para ejercer un cargo público, porque reunían dos condiciones mínimas:

a) Una formación social y política previa en asuntos relacionados con la administración del imperio, y experiencia suficiente para el manejo de los asuntos del Estado,

b) Una solidez ética fundamentada en la fe bíblica, que jamás negociaron, y que los distinguió radicalmente de los otros funcionarios públicos de su tiempo.

Moisés y de Daniel recibieron una formación social y política del más alto nivel con los mejores recursos de los imperios egipcio y caldeo-asirio. Moisés fue educado como el hijo de una princesa egipcia, para administrar el imperio y para conducir al ejército del imperio durante las guerras, con todas las ventajas materiales que su posición social privilegiada le permitía (Éx 2.10; Heb 11.23–26). Daniel fue reeducado durante tres años en las letras y la lengua de los caldeos, viviendo en el mismo epicentro del poder y relacionándose con los funcionarios del imperio, antes de ejercer un cargo público (Dn 1.3–5).

José no llegó de manera improvisada o accidental al cargo de gobernador de Egipto. La experiencia que tuvo como administrador de la casa un funcionario egipcio, la dura experiencia en la cárcel en la cual conoció a un funcionario de alto rango del Faraón y su capacidad de relacionarse con las personas en los distintos espacios sociales en los cuales estuvo privado de la libertad (la casa de un funcionario del imperio, la cárcel y la corte del Faraón), le condujeron, finalmente, a su nombramiento como gobernador del imperio dominante de ese tiempo (Gn 39–41).

Además de estos ejemplos del Antiguo Testamento, los pasajes del Nuevo Testamento a partir de los cuales se puede articular una teología del Estado y de la responsabilidad ciudadana de los creyentes (Mt 22.15–22; Mr 12.13–17; Lc 20.19–26; Jn 18.28–19.16; Hch 4.15–21; Ro 13.1–7; 1Ti 2.1–4; 1P 2.11–17; Ap 13.1–17), diferencian claramente la esfera de acción del Estado, de la esfera de acción de la iglesia. En estos pasajes se subraya la doble ciudadanía de los creyentes como ciudadanos del reino de Dios (*ekklesia*) y como ciudadanos de la ciudad (*polis*). Se puntualiza, además, que cualquiera sea la realidad social y política en la que los creyentes en encuentren, tienen que dar cuenta de su identidad como miembros del pueblo de Dios en misión permanente en todos los campos de la vida humana, incluyendo el terreno de la política y los movimientos sociales.

Los creyentes, como miembros de una comunidad de discípulos (la nueva sociedad en Jesucristo), si bien tienen una identidad precisa como militantes del reino de vida de Jesucristo; sin embargo, tienen también responsabilidades ciudadanas específicas en la *polis* en la cual se encuentran. Entre estas responsabilidades se encuentran el derecho de elegir y ser elegidos como autoridades, votar en las elecciones políticas periódicas, ejercer vigilancia ciudadana, exigir un buen uso de los fondos públicos y transparencia en la gestión de los funcionarios públicos, expresar libremente sus opiniones políticas, la libertad de pertenecer a un partido o movimiento político, participar activamente en los movimientos sociales, entre otras. Como lo ha expresado un pastor y teólogo pentecostal de Puerto Rico cuando reflexiona sobre su experiencia ciudadana comprometida con la defensa de los indefensos y con la justicia:

> En esa acción pastoral no se diferencia lo sagrado de lo secular. Toda la acción pastoral es sagrada y reclama un solo estilo de vida. No puede establecerse dicotomías artificiales entre la tarea litúrgica del domingo en los templos y el testimonio cristiano el resto de la semana en la comunidad (Estrada 2003:33).

¿Cuáles deben ser entonces los criterios mínimos a tener en cuenta cuando se incursiona en el espacio público, vía los partidos políticos o los movimientos sociales? ¿Qué nos enseña la historia reciente de la incursión de pastores y miembros de las iglesias pentecostales en un espacio de la vida humana poco conocido para ellos y en el que se tiene poca experiencia? ¿Cómo seguir siendo honestos, justos, transparentes e incorruptibles en los espacios de poder en los cuales campean la corrupción, las propuestas políticas indecentes, la negociación y los acuerdos políticos bajo la mesa?

Los criterios mínimos

Más allá de las razones y de los intereses particulares que tienen los pastores y los miembros de las iglesias pentecostales, respecto a su incursión e incidencia en la vida pública, se requiere estar claros en las condiciones mínimas que se necesitan para participar con eficacia y eficiencia en el campo de la política y en los movimientos sociales. La experiencia de los últimos años en diversos contextos de América Latina y el Caribe, demuestra que hubo luces y sombras en la participación social y política de los evangélicos,[37] y nos advierte además que para tener un mejor desempeño en el espacio público se requieren cinco condiciones o requisitos mínimos:

En primer lugar, formación bíblico-teológica y una práctica consecuente con la fe evangélica pentecostal, para que cuando incursionen en el espacio público preserven su identidad como miembros del pueblo de Dios y para que, desde la plataforma de la fe evangélica pentecostal, articulen, formulen y defiendan políticas públicas orientadas al bien común, la igualdad de oportunidades para todos, la paz y la justicia social.

En segundo lugar, experiencia previa de gestión ciudadana como dirigentes de los comités vecinales, de los comités de vigilancia ciudadana, de las asociaciones de padres de familias de las instituciones

---

[37] Ver Freston 2001, para un análisis global de esta problemática, con las luces y sombras de la incursión de los evangélicos en el espacio público. Para un análisis de la creciente incursión de los pentecostales en los movimientos sociales ver Miller y Yamamori 2007. Para un examen de la experiencia social y política de los evangélicos en América Latina, con casos de estudio específicos en Sudamérica y Centroamérica, ver Padilla 1991; Freston 2008; Pérez Guadalupe 2017. Para examinar la experiencia social y política de los evangélicos en Guatemala (Garrard-Burnett 2009), México (Ávila 2008), Perú (Fonseca 2002; Fonseca s/f; Julcarima 2008; López 1998; López 2004; Pérez 2016; Pérez Guadalupe 2017), Argentina (Wynarczyk 2009) y Chile (Fediakova 2013).

educativas o de otros movimientos sociales vinculados a la sociedad civil organizada. Se evitaría así que los novatos, los improvisados, los ambiciosos y los oportunistas, accedan a los cargos públicos y den una mala imagen de la comunidad evangélica pentecostal.

En tercer lugar, cultura política mínima para que entren con conocimiento de causa en un terreno en el cual las leyes y las políticas públicas nacen del diálogo, la negociación y el consenso entre todos los actores políticos, sean estos creyentes o no creyentes. Esto ayudará también en el proceso de buscar alianzas estratégicas en los pasillos del poder, saber negociar con otros actores políticos, y en la búsqueda de consensos para el fortalecimiento de las instituciones democráticas.

En cuarto lugar, vocación política y conocimiento de la realidad nacional, dominio de una o varias aéreas del conocimiento científico (administración, derecho, ciencias sociales, ciencias humanas, ingeniería, etc.) e idoneidad para que puedan discutir, sin complejo de minoría, con los cuadros políticos de los partidos, las políticas públicas; así como para que puedan ejercer, con eficiencia y eficacia, la responsabilidad que les ha sido confiada por el voto ciudadano.

En quinto lugar, probada solidez ética para que no se dejen seducir por el poder y para que eviten caer en el círculo de la corrupción tan común en un terreno en el cual el soborno y el lobby para favorecer la aprobación de leyes que promueven los grupos de poder se ha convertido en una práctica habitual y «normal». La justicia, la honradez, la honestidad, la transparencia, el bien común y la igualdad de oportunidades para todos, debería ser el patrón de conducta política habitual de los creyentes cuando incursionan en el espacio público, antes que prácticas nocivas para la democracia como la corrupción, el clientelismo o el nepotismo tan frecuentes en ese campo de la vida humana.

Tener en cuenta estos cinco requisitos mínimos, antes de incursionar en la vida pública, puede ayudar a tener mejores políticos y activistas sociales de confesión evangélica pentecostal, y coadyuvar al fortalecimiento de una democracia de ciudadanos. Sin embargo, se tiene que advertir que contar con estos requisitos mínimos, no necesariamente asegura y garantiza que, en todos los casos y en todos los campos de la vida pública, se tenga políticos probos que han comprendido que su presencia en los espacios de poder es para fortalecer la democracia, legislar para bien común, luchar por la justicia social y defender los intereses del pueblo de a pie.

Un programa mínimo

¿Cuál debería ser el programa mínimo de acción social y política que tendría que acompañar a los creyentes pentecostales cuando incursionan en la vida pública a través de los partidos políticos o de los movimientos sociales? Esto es necesario tener en cuenta para no caer en prácticas nocivas como el clientelismo y el nepotismo, o convertirse en tránsfugas que no cumplen con la palabra empeñada y traicionan la confianza que le dieron sus electores o ciudadanos organizados que le confiaron su representación. Y lo que es peor, formar parte de los círculos de corrupción, y apoyar a gobiernos dictatoriales justificando y legitimando sus acciones políticas en contra del pueblo de a pie. Es necesario también para que los ciudadanos evangélicos de confesión pentecostal, ya no sean unos despistados en los asuntos públicos, unos improvisados, y unos «tontos útiles» para el régimen de turno, y operadores políticos y religiosos de gobiernos antidemocráticos.

La inestabilidad y fragilidad democrática de nuestros países, asolados por una corrupción sistémica, el descrédito creciente de buena parte de los políticos profesionales y una profunda crisis del sistema de partidos, demanda que los sectores organizados de la sociedad civil —entre ellos los evangélicos pentecostales— participen activamente en los espacios en los cuales se incide políticamente y se diseñan las políticas de Estado. Demanda además que, cuando participen en la vida pública, estén claros y que tengan suficiente conciencia política (individual y colectivamente) en asuntos claves para la defensa y el fortalecimiento de la democracia, como lo siguiente:

Dignidad humana y derechos humanos: Esta responsabilidad ciudadana, personal y colectiva, exige una preocupación especial por los sectores sociales históricamente marginados, excluidos y en riesgo como los niños, los adolescentes, las mujeres maltratadas, las madres solteras y los ancianos abandonados. Exige además un interés particular por las personas que viven en situaciones de pobreza, pobreza extrema y en situaciones de exclusión social, cultural, política y religiosa.

Problemática ambiental y pueblos originarios: A todos los ciudadanos y, particularmente a los que tienen la responsabilidad de aprobar e implementar las políticas públicas, nos compete el cuidado responsable de la casa común de toda la familia humana. Este compromiso social y político implica, por un lado, la denuncia pública de la depredación de los recursos naturales no renovables y de la contaminación del medio ambiente por parte de los grandes consorcios mineros, petroleros y madereros. Y, por otro, la defensa del derecho de los pueblos originarios a poseer la tierra de sus ancestros y a vivir libremente en la tierra que les pertenece históricamente.

Corrupción, impunidad e injusticia legalizada: La actual coyuntura política demanda un abordaje y tratamiento político intencional a estos tres problemas que afectan directamente a todo el tejido social y, especialmente, al pueblo de a pie que se encuentra indefenso a pesar de que existen leyes mediante las cuales se combaten la corrupción, la impunidad y las evidentes deficiencias del sistema de administración de justicia. El avance de los niveles de corrupción, la impunidad en casos de corrupción y de violación de los derechos humanos, y la situación de indefensión en la que se encuentran los sectores sociales históricamente postergados, dejan en claro que estos problemas afectan directamente la institucionalidad democrática y el Estado de Derecho.

Familia, niñez, adolescencia y juventud: La situación de riesgo en la que se encuentra la familia, la niñez, la adolescencia y la juventud, debido a problemas sociales como el pandillaje, la inseguridad ciudadana, el narcotráfico, la violencia intrafamiliar, los casos de violación a menores de edad, y las redes de prostitución que atentan contra la seguridad de las niñas y las adolescentes, demanda que en las políticas públicas se tenga en cuenta el cuidado integral de las familias. Los ciudadanos de a pie tenemos que exigir al Estado que promueva e implemente políticas públicas cuyo objetivo sea que todas las familias y todas las personas tengan una calidad de vida digna y justa.

Educación, salud, trabajo, vivienda de calidad: La ciudadanía plena no es solamente el ejercicio de derechos como el de la participación en las elecciones políticas, sino también el derecho de exigir al Estado que invierta en una educación de calidad, en el mejoramiento de los servicios de salud pública, proteja los derechos laborales y regule e intervenga en las tarifas de los servicios públicos (agua, alcantarillado y alumbrado público).

Inseguridad ciudadana, criminalidad, y minorías en riesgo: La preocupación por la creciente inseguridad ciudadana, el incremento del índice de criminalidad especialmente de feminicidio y la realidad de los crímenes de odio en contra de las minorías étnicas y sexuales, exige que en democracia se trate abiertamente sobre estos asuntos y se generen leyes cuyo objetivo sea disminuir y, eventualmente terminar, con estos problemas que atentan contra de la vida y la dignidad humana.

Este es un programa mínimo, perfectible, no cerrado, y que está abierto a otros temas de la agenda pública presentes en las coyunturas sociales y políticas particulares de los países que forman parte de la Patria Grande: América Latina y el Caribe. No es tampoco una camisa de fuerza que anule las expectativas sociales y políticas de los creyentes pentecostales que militan en partidos políticos o que están activos en los movimientos sociales. Es apenas un surco a seguir, una propuesta mínima, que puede y debe ser ahondado, abonado y ampliado con otras propuestas que apunten al fortalecimiento de la democracia, la búsqueda del bien común, la igualdad de oportunidades para todos, la lucha frontal con la corrupción y la impunidad, la justicia social y un adecentamiento de la política.

Palabras finales

La vida en el Espíritu que se expresa y se canaliza también en el campo social y político, exige discernir la teología y las motivaciones políticas que están detrás de las palabras, las decisiones políticas, las ofertas electorales y los intereses político-religiosos de quienes deciden transitar en ese terreno a través de los partidos políticos y de los movimientos sociales.

¿Por qué es necesario este discernimiento teológico-político? Porque si bien la realidad actual indica que va quedando atrás la tradicional postura «apolítica» y en contra de la política predominante en años anteriores en los círculos pentecostales en los cuales se consideraba que la política y la acción social eran terrenos prohibidos para los creyentes, la experiencia acumulada en años recientes indica que la incursión de los miembros y pastores de las iglesias pentecostales en la vida pública, no se debe necesariamente a un mayor desarrollo de su conciencia social y política, o a que están convencidos de que se tiene que legislar para el bien común, luchar por la justicia social o promover políticas públicas sin ninguna forma de discriminación.

La inesperada incursión en el espacio público de pastores evangélicos que en otro momento criticaban todo lo que «olía» a política y etiquetaban como comunista a los que hablaban de la responsabilidad social y política de los creyentes, está basada, principalmente, en una comprensión teocrática del poder. Buscan acceder al espacio público porque tienen un interés irrefrenable por disfrutar de los placeres temporales que otorga el paso por el poder y usufructuar de los fondos públicos solicitando dádivas para sus iglesias y exoneraciones tributarias. Pretenden que las políticas de Estado se elaboren sobre la base de sus intereses religiosos y, para ello, necesitan granjearse la amistad de los políticos de carrera y de los grupos de poder con el fin de asegurar su permanencia en ese lugar como parte de la clase política.

Está claro que los pentecostales (y los evangélicos en general), poco habituados a transitar por los pasillos del poder, todavía tienen un largo camino que recorrer, lecciones que aprender, y la tarea pendiente de forjar modelos alternativos de presencia pública que se distancien de las formas habituales de ejercicio del poder de los políticos profesionales y de los creyentes pentecostales que han aprendido las malas prácticas instaladas en los pasillos del poder (Poder Legislativo, Poder Ejecutivo, Gobiernos locales, Gobiernos regionales, e instituciones de la sociedad civil). Para que esto sea posible se requiere, por un lado, la articulación de un lenguaje público desde el fundamento de la fe evangélica pentecostal que sea digerible para la opinión pública y para los otros actores sociales y políticos. Y, por otro lado, la construcción de rostros públicos o de referentes visibles a quienes se les identifique claramente como los voceros autorizados de la comunidad pentecostal cuando se debatan los asuntos de la agenda pública. De esa manera se evitará que se siga pensando en la comunidad pentecostal como «el refugio de las masas» (Lalive d'Epinay 2009) o como una «Iglesia escatológica y apocalíptica» (Kapsoli 1994:17), en la cual:

> Los conversos son bombardeados sistemáticamente con mensajes fundamentalistas y escatológicos. Estos se suministran prácticamente en las iglesias donde la labor del pastor adquiere un papel decisivo. Su autoridad es unánimemente reconocida. No hay duda o cuestionamiento a sus opiniones o mandatos. Por momentos es autoritario y normalmente es machista. Las mujeres solo acceden a cargos menores (Kapsoli 1994:117).

Cualquiera sea la vía por la que se exprese en los próximos años la paulatina y creciente incursión en la vida pública de los pentecostales (formando partidos políticos, insertándose en partidos políticos ya existentes, participando en los movimientos sociales o siendo buenos vecinos), todavía tienen que preguntarse para qué quieren estar en el espacio público, cuál debe ser la plataforma social y política que oriente su presencia en ese lugar, y a qué intereses pretenden representar cuando legislen, fiscalicen o negocien su voto a favor o en contra de determinada ley o iniciativa legislativa.

Tienen que entender además que la política no está restringida al ámbito parlamentario o a los gobiernos locales, como tampoco al papel de la sociedad civil organizada, sino que es un asunto que les compete a todos los ciudadanos. La política es más que la participación en elecciones periódicas y el acto ciudadano de otorgarle el voto a un candidato o partido político en cada proceso electoral. La política es una tarea para todos los ciudadanos de a pie, independientemente de sus creencias y prácticas religiosas, y exige que todos los ciudadanos pidan rendición de cuentas, transparencia en la gestión pública, buen uso de los fondos públicos, así como igualdad de oportunidades para todos, cualquiera sea su confesión religiosa, su posición social o su trasfondo cultural.

Capítulo 10

La política del Espíritu

Pentecostalismo y cambio de estructuras

Id, haced saber a Juan lo que habéis visto y oído;
los ciegos ven, los cojos andan, los leprosos son limpiados,
los sordos oyen, los muertos son resucitados,
y a los pobres es anunciado el evangelio...

—Lucas 7.22

Introducción

El pentecostalismo, durante décadas y en diversas realidades, se ha presentado a sí mismo como un movimiento religioso apolítico y contrario a la política. La mayoría del cuerpo pastoral y de la membresía de la comunidad pentecostal, actualmente, todavía ve con cierta sospecha y recelo todo lo relacionado con el terreno social y político. Considera que el campo de la acción social y política es un asunto terrenal, mundano, pasajero, ajeno a la vida en el Espíritu, e impropio para los creyentes que solo tienen que dedicarse a la salvación de las almas. Sin embargo, a pesar de su tradicional postura apolítica y en contra de la política, lo que le cuesta aceptar a buena parte del cuerpo pastoral y de la membresía de las iglesias pentecostales es que, en esencia, nadie es apolítico. Esto es así, porque afirmar que uno es «apolítico», ya es en sí mismo una postura política, una toma de posición en favor de determinados asuntos públicos.

Además, si es cierto que buena parte del pentecostalismo fue apolítico, y continúa siéndolo, y esto implica una despreocupación, indiferencia y pasividad frente a los asuntos terrenales, ¿cómo explicar entonces la posición anti-comunista, anti-ecuménica y favorable al sionismo que durante años formó parte (y forma parte todavía) del discurso teológico y de la práctica de misión de la inmensa mayoría del movimiento pentecostal? ¿Cómo explicar el apoyo visible o disfrazado que líderes de iglesias pentecostales, les dieron a gobiernos militares, a regímenes violadores de derechos humanos y a autoridades corruptas?

El problema de fondo de un grueso sector del movimiento pentecostal está no solamente en el doble discurso, por un lado, su autoimagen como un sector religioso apolítico y contrario a la política y, por otro, su anti-comunismo y anti-ecumenismo militantes, que expresaban ya una clara posición político-religiosa. El problema de fondo está en su comprensión de la vida en el Espíritu que, tradicionalmente, ha estado limitada a la salvación de almas incorpóreas desconectadas de la realidad de miseria material y opresión social y política en las que se encuentran miles de seres humanos. Ha estado limitada también a la denuncia de los pecados individuales (borrachera, adulterio, mentira), sin ninguna referencia a los pecados estructurales (injusticia, explotación, opresión); y a un confinamiento de la fe al ámbito privado de la vida, dando la impresión de que poco o nada importan asuntos sociales y políticos, como la violencia institucionalizada y la pobreza material en la viven miles de personas (entre ellas, muchos creyentes pentecostales). Lo que se requiere entonces es un abordaje teológico más cercano a la comprensión bíblica de la vida en el Espíritu, para no hacer una dicotomía de la vida humana, separando en compartimientos estancos lo sagrado de lo profano, lo religioso de lo secular y lo privado de lo público.

Teniendo en cuenta esta problemática, utilizando como fundamento para nuestra reflexión la perspectiva lucana de la vida en el Espíritu, examinaremos la relación entre el pentecostalismo y el cambio de estructuras mentales, sociales y culturales. Comenzaremos describiendo brevemente las estructuras sociales, políticas y culturales, dentro de las cuales surgió la comunidad de discípulos de Jesús de Nazaret. Examinaremos luego la composición social de la comunidad de discípulos y como ella, con su práctica de incluir a los que se encontraban social y culturalmente postergados, puso en tela de juicio a la sociedad patriarcal y piramidal de su tiempo. Continuaremos con un análisis de la dimensión liberadora de la comunidad de Jesús en una realidad histórica en la que existían muchas formas de opresión e injusticia veladas o abiertas. Abordaremos finalmente la relación de la *ekklesia* con la *polis* pensando, particularmente, en una propuesta de acción ciudadana en sus dimensiones social y política que dé cuenta de una comprensión más integral de la vida en el Espíritu.

La sociedad patriarcal

La respuesta de Jesús a los emisarios de Juan el Bautista (Lc 7.22), con gestos prácticos de valoración de la dignidad humana de los grupos sociales descartables en la sociedad de su tiempo, y con palabras que daban cuenta de su misión liberadora en favor de ellos; además de describir la realidad de exclusión y marginación de estas personas, fue también una crítica directa a la mentalidad patriarcal y a las prácticas de exclusión social, cultural y religiosa, comúnmente aceptadas en el mundo del primer siglo.

La sociedad patriarcal en la que Jesús vivió y cumplió su misión liberadora, como ocurría en las sociedades humanas del Asia Menor en el primer siglo, tenía características específicas:

> Al igual que en la gran mayoría de sociedades humanas, también en Asia Menor la sociedad era piramidal: en la cúspide de la pirámide, la aristocracia, y en la ancha base, el conjunto del «proletariado»; los honorables y los humildes (Arens 1995:53).

En esas sociedades:

> La estructura familiar era netamente patriarcal: el *pater familias* era la autoridad máxima, y todos los miembros de la casa ocupaban su lugar en relación con él. La virtud por excelencia en el ámbito doméstico era la sumisión, la obediencia absoluta a los miembros superiores de la familia (Arens 1995:85).

Dentro de ese mundo patriarcal y piramidal, las mujeres tenían muchas desventajas, y estaban en completa indefensión:

> No es ningún misterio que las mujeres en la Antigüedad en general (y en muchos lugares hoy) ocupaban una posición socialmente subordinada, políticamente nula y económicamente relativa… En una sociedad patriarcal y machista como aquélla, eran los hombres quienes dictaminaban la conducta que las mujeres deberían tener

y los límites de su expansión personal. Se sobreentendía que su radio de acción era la casa y que debía estar ocupada en los quehaceres domésticos, al servicio de los varones de la familia o de la casa, si no recluida en el hogar. Su mayor virtud era la total sumisión; se esperaba de ellas «modestia» y que estuviesen recluidas en su propio mundo y al servicio de los varones (Arens 1995:86).

A luz de esa realidad, y teniendo como telón de fondo esta situación de subordinación, opresión e invisibilidad de las mujeres, se puede comprender porqué según el testimonio de los cuatro evangelios, usualmente y a diferencia de los varones, las mujeres y los niños no eran contados o tenidos en cuenta (Mt 14.21; Mr 6.44; Lc 9.14; Jn 6.10). Y se puede comprender por qué Jesús, a diferencia de lo que ocurría en la sociedad predominante y a contracorriente de sus prácticas de exclusión y marginación; valorizó, dignificó y trató de manera radicalmente distinta a las mujeres, visibilizándolas y aceptándoles públicamente como miembros de la comunidad alternativa que fue formando mientras recorría las ciudades y aldeas de la marginal provincia de Galilea (Lc 8.1–3). De la práctica liberadora de Jesús, con respecto a las mujeres, se afirma lo siguiente:

> Jesús reacciona verdaderamente contra todas las desigualdades de que era víctima la mujer y, sin hacer concesiones a la mentalidad de su medio, sin admitir ninguno de los prejuicios que servían de apoyo a los privilegios masculinos, manifiesta claramente su voluntad de restablecer la igualdad de la mujer cada vez que se encuentra ante una situación desfavorable para ella. Jesús, que trae la Buena Nueva para todos, acepta a las mujeres en paridad con los varones, y esto produce escándalo en la sociedad… Jesús tiene la voluntad de rescatar a la mujer de su situación de marginación e inferioridad y quiere restaurarla en su dignidad… (Bautista 1993:40).

Dentro de la sociedad patriarcal del primer siglo, Jesús fue forjando una nueva sociedad en la que todas las personas tenían cabida, rompiendo así con estructuras mentales, sociales, culturales y religiosas que, en la práctica, habían confinado al desván de las relaciones humanas a grupos numerosos de personas, como las mujeres, los samaritanos, los enfermos de todo tipo, los niños y los recaudadores de impuestos. De esa nueva sociedad, la comunidad de Jesús, se subraya que, la formación de una:

> …comunidad alternativa con una conciencia igualmente alternativa persigue el objetivo de poder criticar a la comunidad dominante y acabar desmantelándola. Pero más que tal desmantelamiento, el propósito último de la comunidad alternativa consiste en hacer posible un nuevo comienzo realmente humano (Brueggemann 1986:117).

En tal sentido, para el caso de las mujeres en las comunidades cristianas del primer siglo, como resultado directo de la práctica liberadora de Jesús, se sostiene que:

> En una sociedad en la cual iba creciendo en limitada medida una mayor libertad para las mujeres, dentro de un nuevo sistema de fe que todavía estaba forjando su identidad frente a la religión de los padres y los orígenes culturales de sus miembros, las mujeres contribuyeron activamente a la formación de un nuevo movimiento que había de cambiar el mundo mediterráneo y plantear retos profundamente nuevos a las relaciones hombre-mujer, unos cambios cuyos efectos siguen presentes todavía hoy entre nosotros (Osiek, MacDonald, Tulloch 2007:36).[38]

¿Cuál fue la propuesta social y política de Jesús en un marco histórico en la cual las mujeres estaban invisibilizadas junto con otros sectores sociales marginados y excluidos como los cobradores de impuestos, los samaritanos y los enfermos? ¿Cómo rompió Jesús con las categorías sociales, culturales y religiosas predominantes de su tiempo?

Una nueva sociedad

Jesús de Nazaret, según el testimonio de los evangelios sinópticos, comenzó a anunciar públicamente la buena noticia del reino de Dios desde la despreciada región de Galilea (Mt 4.23; Mr 1.14–15; Lc 4.14–20). De esa manera, desde un oscuro rincón del Imperio Romano

---

[38] Las mujeres «en las primeras generaciones de la era cristiana… participaban en todas las actividades de la iglesia doméstica, y que ésta era el centro del culto, la hospitalidad, el patronazgo, la educación, la comunicación, los servicios sociales, la evangelización, la misión» (Osiek, MacDonald, Tulloch 2007:26).

del primer siglo, comenzó a forjarse una nueva realidad que iba a contracorriente de las prácticas de marginación y exclusión socialmente aceptadas en el primer siglo (Gutiérrez 2004:197). Esto explica porque, la composición social del movimiento de Jesús, fue básicamente de sectores populares galileos:

> ...el movimiento de Jesús estuvo anclado originariamente en el campo... y era un movimiento galileo (Mr 14.70; 1.11; 2.7). La tradición sinóptica está localizada en pequeños lugares, a menudo anónimos, de Galilea. Silencia los lugares mayores como Séforis, Tiberias, Qanah, Jotapata o Giscala... Originariamente el movimiento [de Jesús] se circunscribe al campo. Oímos hablar mucho de campesinos, pescadores, viñadores y pastores y muy poco de artesanos y comerciantes. También son raras las personas instruidas» (Theissen 1976:47–48).

Más precisamente se señala que:

> Desde el punto de vista geográfico, los seguidores de Jesús procedían todos originariamente de Galilea, en particular de la orilla septentrional del lago de Genesaret (Cafarnaún/Betsaida). También allí habitaban la mayor parte de sus discípulos y discípulas (Stegemann y Stegemann 2001:275).

Los estudiosos del Nuevo Testamento, particularmente del mundo social del primer siglo, resaltan que «la inmensa mayoría de los seguidores de Jesús procedía del *estrato inferior rural*» (Stegemann & Stegemann 2001:280). Jesús mismo fue un *tektōn*.[39] Una profesión que indica que Jesús «debe ser colocado en el estrato inferior» de la sociedad de su tiempo, «entre las personas relativamente pobres (*pénētes*), aunque no... entre las personas pobres (*ptōjoi*)...» (Stegemann & Stegemann 2001:274)[40].

¿A qué sectores sociales se orientó entonces, primariamente, la misión liberadora de Jesús, y quiénes fueron sus primeros discípulos en la marginal y despreciada región de Galilea? Los evangelios sinópticos,

---

[39] El «término *tektōn* podría indicar simplemente que era un artesano de la construcción: albañil, carpintero, carretero y ebanista al mismo tiempo» (Stegemann & Stegemann 2001:275).

[40] La diferencia entre *pénēs* y *ptōjoi* en el primer siglo, era la siguiente: *pénēs* era «todo aquel que no poseía suficientes recursos propios como para poder vivir *sin tener* que trabajar» y *ptōjoi* era «todo el que no podía sobrevivir sin *mendigar*» (Arens 1995:146).

unánimemente, registran que fueron los sectores sociales que estaban puestos a un lado, los que no contaban para nada, los despreciados y los ninguneados de ese tiempo: mujeres, enfermos de todo tipo, samaritanos, cobradores de impuestos. Ellos fueron el germen de la nueva sociedad, las primicias de la sociedad alternativa que Jesús fue estructurando en clara oposición a la sociedad patriarcal y piramidal del primer siglo. Más precisamente:

> La forma que adopta su crítica definitiva [en contra de la sociedad predominante] consiste en su inequívoca solidaridad con los marginados, con la consiguiente vulnerabilidad que acompaña necesariamente a dicha solidaridad. La única solidaridad digna de tal nombre es la que se caracteriza por el mismo desamparo y desesperación que conocen y experimentan los marginados (Brueggemann 1986:96).

Del origen social de los cobradores de impuestos y de las mujeres que seguían a Jesús se afirma:

> La llamada de un publicano, con una reputación tan mala, así como los contactos sociales de los seguidores de Jesús con personas de este tipo, resultan, ciertamente, indicios muy significativos de su condición económica y social… También las mujeres del séquito de Jesús citadas por Marcos debieron pertenecer al estrato inferior (Stegemann y Stegemann 2001: 277).

Los cobradores de impuestos, considerados como traidores a sus compatriotas judíos, debido a su condición de agentes al servicio del Imperio Romano, son mencionados en los evangelios junto con las prostitutas (Mt 21.31), los paganos (Mt 18.17) y los pecadores (Mr 2.16s; Lc 15.1), subrayándose así su pertenencia a la capa social más baja y despreciada. Estos personajes impresentables, según la opinión corriente en esos años:

> …eran odiados, no solo porque exigían más de lo necesario, sino también porque eran considerados como colaboracionistas del poder extranjero… El movimiento de Jesús era mirado con recelo y con desprecio por los judíos «decentes», precisamente porque recogía también a tipos de esa calaña (Segalla 1989:18).

De la presencia de mujeres en el movimiento de Jesús, una práctica infrecuente en la sociedad judía del primer siglo que, incluso Juan en su evangelio registra (Jn 4.27),[41] y de otros sectores sociales considerados como menos importantes, se indica que:

> Más que ningún otro evangelista, san Lucas acentúa la asociación y trato de Jesús con las mujeres, derribando así —para asombro de todos— una barrera social y religiosa impuesta por la sociedad patriarcal de sus días. El Jesús lucano está abierto a los que *oficialmente* quedan al margen, como el centurión gentil… y los samaritanos… Jesús se llega a los leprosos… y la solicitud por los pobres es tema constante de su predicación […] (Senior 1985:354).

En la sociedad patriarcal y piramidal del primer siglo:

> El solo hecho de que hubiera mujeres colaborando con Jesús muestra la originalidad de su actitud… esto no hacía sino alimentar los prejuicios y la hostilidad de quienes se sentían cuestionados por el ministerio del predicador galileo (Gutiérrez 2004:317).

Toda esta información sobre la nueva sociedad que Jesús fue forjando, constituida mayoritaria y principalmente por los que estaban al margen de la sociedad oficial y en el desván de las relaciones sociales, culturales y religiosas; remarcan que se trataba de una ruptura con los patrones mentales y de relaciones humanas que cosificaban a las personas. Jesús introduce e inaugura una nueva realidad que cuestionaba la realidad existente:

> …quiebra tanto las tradiciones bíblicas como las rabínicas que restringían el papel de la mujer en los actos religiosos, y rechaza cualquier intento que supusiese una depreciación de su valor y méritos, así como del valor de su palabra como testimonio. Tanto la enseñanza de Jesús sobre el discipulado, como su aceptación de las mujeres como discípulas y compañeras en su itinerancia, incluso reorientándolas en sus roles tradicionales hacia el discipulado, fueron haciendo el camino hacia la libertad de la mujer y hacia una mayor actividad en su comunidad… (Bautista 1993:164).

---

[41] En «Oriente no participa la mujer en la *vida pública*; lo cual es también válido respecto al judaísmo del tiempo de Jesús, en todo caso respecto a las familias fieles a la ley» (Jeremias 2000:449).

Del forjador de esta nueva realidad, una nueva sociedad en el cual se igualaba a todos aquellos que eran tratados como descartables, como no personas y como inservibles; se afirma que:

> …en contraste con todos los grupos palestinos de la época y en particular con los fariseos, se dirigía a las categorías más marginadas desde el punto de vista socio-religioso: los publicanos, los pecadores, el «pueblo de la tierra», la gente de las aldeas, dispersos por la fértil llanura de Galilea. Hasta los paganos, quizás prosélitos, o al menos «temerosos de Dios», fueron objeto de su ayuda y de su alabanza. En este comportamiento de Jesús se podía quizás vislumbrar ya aquella apertura a la misión universal a la que habría de orientarse la iglesia primitiva (Segalla 1989:111).

Emergen así claramente los dos ejes transversales de la buena noticia del reino de Dios: la gratuidad y la imparcialidad del amor de Dios. Gratuidad e imparcialidad que hacen posible que los que están en los márgenes de la sociedad, los ninguneados del mundo, sean los primeros receptores de la buena noticia del advenimiento del Mesías al mundo (Lc 1.39–56; 2.8–20, 25–32, 36–38) y los primeros que escucharon el mensaje liberador del Mesías y se incorporaron a la nueva sociedad que él introducía e inauguraba en la historia humana (Mt 4.17–22; Mr 1.16–20). Ellos fueron el foco central de su Declaración Mesiánica en la sinagoga de Nazaret (Lc 4.16–20) y los beneficiarios de sus acciones liberadoras cuando respondió a la pregunta de los emisarios de Juan el Bautista (Lc 7.18–22).

A esta nueva sociedad, estructurada de manera completamente radical a la de la sociedad patriarcal y piramidal del primer siglo, se la define con estas palabras:

> La comunidad de mesa con Jesús supone algo más: es el anuncio de que el tiempo de la salvación ha irrumpido ya. Lo sorprendente es que entre los comensales de la familia de Dios se cuentan pecadores y publicanos. Los pueblos del oriente, para los que la acción simbólica tiene una significación mucho mayor que para nosotros, comprendieron inmediatamente que la admisión de personas religiosas y moralmente excluidas a la comunidad de mesa con Jesús significaban el ofrecimiento de la salvación a los pecadores y la concesión del perdón. Solo partiendo de esta concepción se entiende el agradecimiento ilimitado de Zaqueo,

> cuando Jesús entra en su casa, la casa de un odiado jefe de publicanos (Lc 19.1–10) y solo así se entiende también la apasionada protesta de los fariseos, cuyo sentido es una invitación a los discípulos para que se separen de un hombre que mantiene relaciones con amigos impíos (Mr 2.16; Lc 15.2; cf. Lc 19.7). El mensaje de Jesús, que anuncia al Dios que quiere relacionarse con los pecadores, halló en la comunidad de mesa con los despreciados su expresión más clara, pero también más chocante (Jeremías 1983:262).

Pero se tiene que señalar además que, si bien encontraron lugar en esta nueva realidad sectores sociales considerados de menos valía, como las mujeres y los enfermos; también encontraron lugar sectores políticos antagónicos, como los cobradores de impuestos, y los zelotes y los sicarios. Con respecto a la situación de las mujeres y a la acción liberadora de Jesús en favor de ellas, se expresa que Jesús:

> …no se contenta con colocar a la mujer en un rango más elevado que aquel en que había sido colocada por la costumbre; en cuanto Salvador enviado a todos (Lc 7.36–50), la coloca ante Dios en igualdad con el hombre (Mt 21.31–32) … (Jeremías 2000:468).

Acerca de la presencia de individuos «impresentables» en el movimiento de Jesús, como los zelotes y sicarios, se afirma que:

> …entre los doce, seguramente hay uno, Simón el Zelote, que había sido miembro del partido zelote antes de hacerse discípulo de Jesús. En otra parte, he demostrado que quizá Pedro Barjona, y casi seguramente Judas Iscariote (cuyo apodo parece contener el apelativo *sicarius*) parecen haber sido antiguos zelotes (Cullmann 1973:20–21).[42]

Las diferencias sociales, culturales, religiosas y políticas no fueron entonces un problema insuperable para Jesús, cuando introdujo e inauguró en la sociedad de su tiempo, una comunidad de discípulos cuya composición social difería notablemente de los criterios socialmente aceptados en el mundo judío del primer siglo. Mujeres,

---

[42] En otro de sus libros, este mismo autor, sostiene lo siguiente sobre la presencia de antiguos zelotes en la comunidad de Jesús: «Uno de los doce —Simón el Zelote— ciertamente pertenecía a los zelotes; otros, probablemente, como Judas Iscariote, Pedro, y posiblemente los hijos de Zebedeo» (Cullmann 1956:17).

cobradores de impuestos, zelotes, samaritanos, entre otros, encontraron en la comunidad de Jesús un espacio de vida y de relaciones sociales de justicia, basadas en otros criterios de valoración y aceptación completamente diferentes a los que estaban acostumbrados:

> Lo importante es que en una sociedad caracterizada por tener lazos familiares muy estables de raíz religiosa, Jesús hace surgir una comunidad de compromiso voluntario, dispuesta por causa de su llamado a llevar sobre sí la hostilidad de la sociedad… Lo que importa es la calidad de vida a la que es llamado el discípulo. La respuesta es que para ser un discípulo es necesario compartir el estilo de vida cuya culminación es la cruz… [H]ay en la comunidad de discípulos esas señales sociológicas características de aquellos que se proponen cambiar la sociedad: una estructura visible de compañerismo, una decisión sobria que garantiza que el costo del compromiso ha sido aceptado conscientemente, y un estímulo de vida claramente definido, distinto del resto de la gente (Yoder 1985:38–40).

¿Hubo personas vinculadas a los sectores sociales pudientes en la comunidad de Jesús? En los evangelios se registra la presencia de personas de las clases sociales pudientes como José de Arimatea (Mt 27.57–60; Lc 23.50–53; Jn 19.38), Nicodemo (Jn 19.39) y las mujeres que seguían a Jesús y le servían con sus bienes (Lc 8.3), como seguidores o simpatizantes del movimiento de Jesús. Lo mismo ocurrió cuando la buena noticia de salvación cruzó diversas fronteras geográficas, sociales, culturales, religiosas y lingüísticas, y se fueron formando comunidades de discípulos fuera del mundo judío. Personas como Lidia (Hch 16.14–15), las «mujeres nobles» de Tesalónica (Hch 17.4) y las «mujeres griegas de distinción» de Berea (Hch 17.12), dan cuenta de esa realidad. De manera más particular, sobre la presencia visible de mujeres en el movimiento de Jesús y en la naciente comunidad cristiana, se precisa que:

> Un vistazo al libro de los Hechos, confirmará esta impresión en cuanto al importante rol desempeñado por las mujeres en la difusión del evangelio: Dorcas, Priscila, las cuatro profetisas hijas de Felipe, cuya fama se divulgó en siglo II, las mujeres de la clase alta de Berea y Tesalónica y otras. Las Epístolas nos ponen frente a una diaconisa [Febe], y posiblemente a una mujer apóstol

> [Junias]. Ocho de las veintiséis personas mencionadas en las salutaciones de Romanos 16 son mujeres, y las rivalidades entre las obreras cristianas dedicadas al evangelismo se censuran en Filipenses 4. El papel desempeñado por las mujeres es aún más notable si se tiene en cuenta que tanto los círculos judíos como los paganos constituían mayormente un mundillo masculino (Green 1979: 32–33).

De este comentario se deduce que la composición social de la naciente comunidad cristiana, cuando cruzó otras fronteras culturales, tuvo una notoria presencia femenina y una diversidad social y cultural que contrastaba notablemente con el patrón excluyente de la sociedad circundante. Así, por ejemplo, los misioneros cristianos itinerantes, todos ellos laicos, provenían de diferentes lugares y trasfondos, como Sópater de Berea, Aristarco y Segundo de Tesalónica, Gayo de Derbe, y Timoteo; y de Asia Tíquico y Trófimo (Hch 20.4).

Esta realidad explica porqué se afirma que desde su comienzo «el cristianismo fue un movimiento laico, y así continuó siendo por un tiempo notablemente largo» (Green 1979:27). Y, en su proceso de expansión misionera, se fueron formando comunidades de discípulos como la de la ciudad de Corinto que, según el apóstol Pablo tuvo una composición social diversa (1Co 1.26–28). La comunidad de discípulos de la ciudad de Filipos tuvo también una composición social diversa, ya que entre los primeros discípulos se encontraban la comerciante Lidia, la muchacha que tenía espíritu de adivinación y el carcelero de la ciudad (Hch 16.11–34). Y parece que así fue también en otros lugares del Imperio Romano, si se tiene en cuenta lo que el apóstol Pablo expresa en sus cartas a los gálatas (Gá 3.27–28) y a los colosenses (Col 3.9–11).

¿Cuál fue entonces la composición social de las comunidades paulinas? De estas se precisa que es:

> …probable que algunos miembros de las comunidades paulinas fueran, por tanto, relativamente acomodados y quizás deberían ser colocados en el grupo de las personas ricas de su ciudad, pero carecían, ciertamente, de los rasgos decisivos de la pertenencia al estrato superior (nobleza de sangre, poder político, indicios claros de posesión de grandes riquezas)… podemos suponer que, por lo que respecta a las comunidades paulinas en general, a pesar de

todas las diferencias existentes entre las diversas comunidades y
en el interior de cada una de ellas, en las que encontraban empare-
jadas personas relativamente acomodadas y pequeños artesanos,
comerciantes y esclavos, la mayor parte de sus miembros
pertenecían al estrato inferior y, a buen seguro, en gran parte, por
encima del mínimo vital (Stegemann & Stegemann 2001:402).

La construcción de esta nueva realidad que contrastaba y que constituía
una crítica directa a la sociedad predominante, implicaba una ruptura
clara y abierta con las estructuras mentales y de conducta privada y
pública socialmente aceptadas y consideradas como legales en el primer
siglo. La ruptura con los valores y las prácticas de la sociedad patriarcal
y piramidal del primer siglo condujo, a la larga, a un creciente conflicto
con la sociedad circundante, como se puede notar en el registro del
avance misionero de la comunidad de discípulos según el testimonio
de Hechos de los Apóstoles; ocasionando la muerte de Esteban (Hch 7),
el exilio forzado de los discípulos helenistas (Hch 8.1–8), la muerte de
Jacobo (Hch 12.1–2) y, luego de varias situaciones críticas (Hch 14.8–
20; 16.11–40; 17.1–8), al posterior arresto y prisión de Pablo de Tarso
(Hch 21.1–28.31). La ruptura con los patrones mentales y estructurales
de opresión se destaca notablemente en el caso de Filemón, cuando el
apóstol Pablo le pide que trate al esclavo Onésimo como su hermano;
es decir, le recuerda que la práctica cristiana de amor al prójimo exige ir
a contracorriente de las prácticas de opresión, explotación y exclusión
socialmente aceptadas y consideradas como legítimas en las sociedades
humanas del primer siglo.

¿Cuál fue entonces la política del Espíritu en todo el proceso
de inicio, expansión y consolidación de la nueva sociedad que Jesús
de Nazaret inauguró e instaló en el mundo judío del primer siglo
y que, posteriormente, se estableció en el mundo no judío? Del
examen del testimonio del Nuevo Testamento, a la luz de su contexto
histórico-cultural, se desprende que la política del Espíritu fue ir a
contracorriente de la sociedad patriarcal, forjando una sociedad en la
que las diferencias desaparecían y todos eran igualados. Fue construir
una nueva estructura mental y tejer nuevas relaciones sociales. Fue
cambiar radicalmente el patrón mental de superioridad racial, religiosa
y cultural, para establecer una nueva realidad inserta en la sociedad
circundante en la cual varón y mujer, judíos y gentiles, griegos y no
griegos, tenían el mismo valor, la misma dignidad y las mismas

oportunidades. Jesús creo una sociedad de iguales en la que la persona humana valía, no tanto por las posesiones materiales que tenía o por su origen racial, sino por su condición de imagen de Dios.

Queda un asunto final que responder, ¿cuáles son las lecciones que se derivan de toda esta reflexión para las comunidades de discípulos contemporáneas? ¿Cuáles son las estructuras sociales, culturales y religiosas que tienen que ser erradicadas o transformadas radicalmente, porque colisionan frontalmente con la política del Espíritu, con el reino de vida de Jesús de Nazaret? Aunque en la sección siguiente responderemos directamente a estas interrogantes, sin embargo, subrayamos que las estructuras mentales cerradas y verticales que se expresan en distintas formas y niveles de opresión social, cultural y religiosa, tienen que ser confrontadas, erradicadas o transformadas, si se quiere construir una realidad distinta en la cual todas las personas sean iguales, tengas las mismas oportunidades y su valor no dependa de los bienes materiales que posee, de su ubicación en la estructura social, de su trasfondo cultural o del color de la piel.

La *ekklesia* en la *polis*

La *ekklesia* que Jesús de Nazaret comenzó a forjar y en la cual tuvieron cabida todos aquellos que la sociedad patriarcal y piramidal del primer siglo tenía como sobrantes o desechables, introdujo una nueva forma de relaciones sociales radicalmente distinta a la que predominaba en ese tiempo. En la *ekklesia* o comunidad de Jesús de Nazaret las relaciones sociales fueron horizontales. Seres humanos que en la sociedad piramidal no tenían ninguna posibilidad de caminar juntos en público, sentarse en una misma mesa como iguales, o identificarse como miembros de una misma comunidad, encontraron en la comunidad de Jesús un espacio de integración en el cual fueron valorados y tratados como iguales a pesar de las diferencias que los separaban. Zelotes y publicanos caminaron juntos, samaritanos y judíos fueron tratados como iguales, mujeres y varones se identificaron en público como miembros de una misma sociedad; es decir, lo que era imposible en la sociedad piramidal del primer siglo, Jesús de Nazaret hizo que sea una realidad visible y que esa nueva realidad, paso a paso, fuera transformando las estructuras de opresión que habían convertido a un grueso de la población humana en simples objetos o cosas desechables.

A la luz de la experiencia y práctica concreta de la comunidad de Jesús de Nazaret, la *ekklesia* (iglesia) en la *polis* (ciudad), si quiere ser fiel a su llamado y vocación histórica, no puede aceptar como válidas y legítimas las distintas formas de opresión social, cultural y religiosa que son expresión visible de una mentalidad cerrada, vertical y autoritaria. La política del Espíritu camina en otra dirección, choca frontalmente contra toda opresión que cosifica a los seres humanos, y produce una nueva humanidad en la cual desaparecen las prácticas de discriminación y los prejuicios sociales y culturales que separan a los seres humanos. La política del Espíritu produce nuevas relaciones sociales, une a quienes las sociedades humanas separan, y valoriza a quienes son ninguneados y tratados como simples cifras estadísticas.

La *ekklesia* como pueblo de Dios, cuerpo de Cristo y comunidad del Espíritu Santo, tiene una composición social diversa, está ubicada en una realidad histórica concreta y en un marco cultural particular, y tiene una presencia geográfica global. La *ekklesia* forma parte de la *polis* (ciudad) y se relaciona con ella de múltiples formas, aunque tiene principios y un estilo de vida distintos a los que predominan en la ciudad. Precisamente, porque la *ekklesia* forma parte de la *polis* y no es una comunidad a-histórica o ultramundana, los problemas sociales, políticos y económicos que allí ocurren, afectan directamente a sus miembros, así como afectan a cualquier otro ciudadano.

A la *ekklesia* se le describe y presenta en el Nuevo Testamento como una comunidad multiétnica, multicultural y multilingüe. Esta realidad, comprobable en cualquier situación histórica actual, puede explicar porque se afirma que la comunidad de discípulos de Jesucristo, desde un comienzo:

> ...congregó a las personas por encima de las barreras culturales y nacionales, y parece que reforzó la impresión de hacer realidad algo que podía convertirse en consenso de todos los humanos (Theissen 2002:355).

La iglesia entonces, como una nueva realidad o una nueva sociedad, debido a su naturaleza y estilo de vida radicalmente distintos a los de la realidad histórica en la cual está localizada, tarde o temprano tendrá que confrontarse abiertamente con las estructuras de opresión presentes en las sociedades humanas en las que cumple su misión de ser luz del mundo y sal de la tierra. ¿Cuáles son las estructuras de opresión presentes en la *polis* con las que la comunidad de discípulos de Jesucristo, la *ekklesia* se confronta actualmente?

En la estructura mental de buena parte de los ciudadanos de las sociedades humanas actuales, no solo de América Latina y el Caribe, existen prejuicios sociales y culturales sobre los cuales se asientan prácticas de opresión que se expresan en las relaciones humanas cotidianas, sea en el espacio privado o en el espacio público. Problemas sociales que afectan directamente a los sectores indefensos, ninguneados y postergados como las mujeres, los campesinos, los inmigrantes, entre otros, son el machismo, el racismo y la marginación. Todas estas son prácticas habituales de opresión en las sociedades humanas que ocurren también, lamentablemente, en el seno de las iglesias evangélicas. La *ekklesia* en la *polis*, entonces, se tiene que confrontar con estas prácticas de opresión contrarias a la propuesta social y política del reino de vida de Jesús de Nazaret. Tiene que ser así, porque en el reino de vida de Jesús de Nazaret, nadie es ninguneado o postergado, las injusticias y los prejuicios no tienen lugar, la mujer no es menos importante que el hombre, todos tienen igual dignidad y derechos, y la reconciliación y el perdón son una realidad que se practica cotidianamente.

Aunque ya no tenemos sociedades patriarcales como las que existían en el primer siglo, sin embargo, todavía se mantienen prácticas de exclusión y marginación basadas en el machismo o la supuesta «superioridad» de los hombres sobre las mujeres. La mentalidad machista expresada en prácticas de opresión en contra de las mujeres, las invisibiliza, las confina al ámbito privado de la vida, les asigna un papel subordinado en la familia y en el espacio público, y las acostumbra a aceptar resignadamente un papel secundario en la vida privada y pública. El machismo cosifica a las mujeres, las instrumenta en favor de la «superioridad» masculina, y las convierte en simples maquinas reproductoras de hijos o en objetos sexuales a disposición de los hombres. La existencia de estas prácticas de opresión en contra de las mujeres, tanto en la sociedad como en la iglesia, debería llevarnos a luchar activamente para que se dé un cambio de mentalidad y de relaciones varón-mujer en la familia, en las iglesias y en la sociedad. Y debería conducirnos, además, a examinar cómo estamos transmitiendo personal y comunitariamente la buena noticia del reino de Dios y su justicia, y cómo estamos viviendo el mensaje de justicia, reconciliación, perdón, paz y libertad que proclamamos públicamente.

Otro de los problemas que dan cuenta de que existen todavía prácticas de injusticia dentro y fuera de la comunidad de discípulos es la marginación que a menudo camina enlazada con el racismo velado o abierto expresado en las palabras y en el trato al prójimo que se considera de menor valor. ¿Las relaciones sociales en la comunidad de discípulos, es igual en todos los casos, o depende del color de la piel, del país del cual se proviene, de los bienes materiales que se posee y de las amistades que se tiene? ¿Las mujeres tienen igual acceso que los hombres a las posiciones de poder en todos los niveles de la iglesia? ¿La opinión de las mujeres tiene el mismo peso que la opinión de los varones? Todas estas preguntas apuntan en la misma dirección. Todavía existen prácticas de marginación y discriminación en el seno de la iglesia, prácticas que son una negación de nuestra condición y vocación de nueva humanidad en Jesucristo. Y se trata de una realidad que, antes que ser negada o maquillada, tiene que ser reconocida y debe conducirnos al arrepentimiento para que se dé un cambio de mentalidad y de práctica. Solamente así cumpliremos con nuestra vocación irrenunciable de ser luz del mundo y sal de la tierra.

Palabras finales

La práctica de la comunidad de Jesús de Nazaret seguida por las comunidades de discípulos que se fueron estableciendo en diversos lugares del Imperio Romano del primer siglo, fue una práctica de relaciones sociales nuevas, según la cual, todos tenían igual dignidad e iguales oportunidades. Esta política del Espíritu rompió con las estructuras mentales cerradas, verticales y autoritarias que predominaban; forjando una comunidad de iguales con relaciones sociales horizontales. Esta comunidad de iguales que contrastaba abiertamente con las sociedades piramidales del primer siglo, sigue siendo un desafío permanente para las comunidades de discípulos actuales que con frecuencia reproducen los prejuicios y las prácticas de opresión corrientes en las sociedades humanas en las que están localizadas. Y es también un desafío para las sociedades humanas en las cuales el principio de igualdad de oportunidades para todos, con frecuencia, no pasa de ser una declaración de buenas intenciones, porque todavía se mantienen, justifican y legitiman legalmente, o se aceptan socialmente, prácticas de opresión como el machismo, el racismo, la marginación y la exclusión que afectan a miles de indefensos ciudadanos.

Capítulo 11

¡Herederos de la Reforma Radical!

Las raíces teológicas olvidadas del pentecostalismo

> *Un pueblo que desconoce su historia*
> *corre el peligro de perder su identidad y de empezar a marchar sin rumbo,*
> *inconsciente de sus posibilidades e inseguro de su misión...*

—Etapas del avance evangélico en el Perú, Samuel Escobar s/f:1

Las palabras de Samuel Escobar, aplicadas al movimiento pentecostal, expresan y resumen lo que actualmente ocurre en el seno de las denominaciones vinculadas a este vasto sector del cristianismo evangélico: El pentecostalismo clásico o histórico (Asambleas de Dios, Iglesia de Dios-Cleveland TN, Iglesia Internacional del Evangelio Cuadrangular, entre otras).[43] La mayoría de los pentecostales

---

[43] Para nada me refiero a las expresiones religiosas cercanas o distintas al pentecostalismo (las iglesias carismáticas y neopentecostales), porque en su origen, composición social y énfasis teológicos, son distintos al pentecostalismo histórico o clásico, como lo han señalado acertadamente dos atentos observadores de la realidad religiosa latinoamericana. De acuerdo a Míguez: «En cuanto al primero [las iglesias neopentecostales], creo que su diferencia con el pentecostalismo criollo es de orden cualitativo: se inscribe en otra dinámica social, relacionada con las condiciones y estratificaciones sociales generadas en la aplicación de las políticas económicas y sociales del «neoliberalismo»; tiene otra racionalidad, más vinculada al uso de medios creados por la «razón técnica» y empleadas «desde arriba» sobre las nuevas condiciones, muy diferente de la «creación social» popular del pentecostalismo criollo. Genera, por consiguiente, otro tipo de adhesión, más ligada al «consumo de bienes religiosos» que a la incorporación activa a un sujeto religioso intencional. Por consiguiente, creo que requiere otros métodos de investigación y otras pautas teológicas de valoración. No

considera que sus ancestros espirituales inmediatos se encuentran en el movimiento de santidad de fines del siglo diecinueve y, un sector de ellos, acepta además sus raíces wesleyanas que lo vinculan con el metodismo (Iglesia de Dios-Cleveland TN, Iglesia de Dios de la Profecía). Sin embargo, la inmensa mayoría de pastores y líderes de las diversas vertientes del pentecostalismo latinoamericano y del Caribe de habla hispana, no tienen en cuenta, desconocen o se han olvidado, que están vinculados también, histórica, teológica y espiritualmente, con los distintos grupos anabautistas (el ala radical de la Reforma) que germinaron en el siglo XVI, y no solamente con la llamada Reforma Magisterial (luteranos, reformados, presbiterianos).[44]

Acerca del pentecostalismo se ha escrito bastante en las últimas décadas, no solamente sobre su composición social, sino también, sobre sus características teológicas distintivas. Para Míguez Bonino, ya en la década de 1990, el pentecostalismo representaba «cuantitativamente la manifestación más significativa y cualitativamente la expresión más vigorosa del protestantismo latinoamericano» (Míguez 1995:75). Y añadía además que su futuro era «decisivo no solamente para el protestantismo en su conjunto sino para todo el campo religioso y su proyección social» (Míguez 1995:75). Así ha sido en efecto, porque actualmente en conjunto representa más del 50% de la comunidad evangélica en todos los países, y tiene un potencial electoral y político apetecible para cualquier partido o fuerza política.

Algunos han afirmado que el pentecostalismo es un movimiento popular o protestantismo popular, restauracionista y *revivalista*. Otros sostienen que es un movimiento milenarista, un movimiento religioso de protesta social, e incluso, se enfatiza que se trata de un «refugio de las masas» en el que los miembros son secuestrados ideológicamente para diferir su vida al más allá. Unos opinan que su rasgo distintivo es la glosolalia o hablar en otras lenguas, y están además los que consideran que su énfasis característico es el anuncio de la segunda venida de

---

es ese el caso de los movimientos carismáticos dentro de las iglesias ya establecidas. Estos, sin embargo, también difieren por originarse contra el trasfondo de una práctica religiosa protestante o católica ya establecida y en general dentro de los parámetros de la misma y por pertenecer, en su mayoría, a sectores de clase media, con sus características psicológicas y sociales propias...» Míguez 1995:58–59). Ver también Escobar 1999:73–75.

44 Un abordaje interesante a este tema, «Pentecostalismo y Reforma Protestante», se encuentra en Campos 1997:1–24.

Jesucristo. Están también quienes se refieren al pentecostalismo como un sujeto religioso capaz de producir cambios estructurales en las sociedades en las que se han asentado, como una fuerza religiosa cada vez más creciente y visible, de cuya presencia han tomado nota los medios de comunicación, los políticos y los estudiosos del campo religioso.

Sin perder de vista lo expresado previamente, para repensar todo lo que afirma sobre este sujeto religioso, será bastante útil considerar un aspecto olvidado o silenciado de sus raíces históricas y teológicas. Como señala Samuel Escobar, para preservar la identidad y con ello la memoria colectiva, así como para caminar con objetivos claros y precisos, se tienen que conocer las raíces que tejen la historia particular de los sujetos religiosos. Para el caso del movimiento pentecostal, además de lo que Donald Dayton denomina las *Raíces teológicas del pentecostalismo* (Dayton 1991), se tiene que rastrear también las raíces teológicas olvidadas del pentecostalismo, es decir, su conexión con el ala radical de la Reforma Protestante.[45] Como se ha puntualizado:

> La iglesia pentecostal latinoamericana comparte también una herencia teológica. Subscribe los cuatro principios básicos de la Reforma: la *gracia sola*, *Cristo solo*, la *Escritura sola* y la *fe sola*. No obstante, la iglesia pentecostal en sus orígenes —y particularmente la iglesia pentecostal hispana en su origen y desarrollo— ubica a sus «ancestros espirituales» en el ala izquierda de la Reforma. Esto es cierto tanto respecto de sus miembros —los pobres y oprimidos— como de sus formulaciones éticas y religiosas (Villafañe 1996:11).

O como se precisa con mayor claridad:

> ...los énfasis manifestados por los pentecostales los ubicarían en el ala radical (izquierda) de la Reforma. Como sus ancestros espirituales, los anabautistas, los pentecostales declaran: (1) que el individuo, al igual que el cuerpo social de los creyentes, deben buscar el liderazgo del Espíritu y someterse a él; (2) que debe haber un retorno a la sencillez apostólica en la adoración; (3) que

---

[45] Para Charles Byrd, existe conexión entre la espiritualidad anabautista del siglo XVI y el pentecostalismo del siglo XX: hablar en lenguas y profecías, separación radical del mundo, entre otros elementos comunes. Afirma además que ambos fueron movimientos contraculturales que tenían un ethos común, aunque el anabautismo no floreció, como sí lo hizo el pentecostalismo en el siglo XX (Byrd 2008:49).

los creyentes deben separarse del mundo; (4) que el bautismo de creyentes reemplaza al bautismo de los infantes; (5) que los creyentes deben aguardar el inminente regreso de Cristo que establecerá su reino milenario (Nichol 1966:3).

Una atenta lectura de los documentos escritos por destacados representantes de la Reforma Radical, compilados por John Howard Yoder en su libro *Textos escogidos de la Reforma Radical* (Yoder 2007), corrobora que en efecto existe cierta sintonía entre los principios teológicos comunes de la Reforma Radical y el pentecostalismo auroral o primigenio. De acuerdo a Yoder, más allá de la gran variedad de sus posiciones teológicas y de sus aspiraciones sociales y religiosas particulares, las siguientes serían las características comunes de todas las vertientes de la Reforma Radical:

> 1) La Reforma Radical compartió en sus comienzos mucha de la crítica popular contraria a la alianza entre la riqueza, la religión y los reyes… 2) El mundo del siglo XVI no toleraba la neutralidad. Por eso, la alianza entre la religión y el poder no pudo ser quebrada, sino que, por el contrario, se recurrió a la persecución. La Reforma Radical se caracterizó, por lo tanto, por su aceptación del sufrimiento… 3) Junto con el rechazo de una religión ligada al poder, se encuentra la inquietud por la autenticidad personal de la fe de cada individuo, su experiencia personal y su compromiso responsable. El bautismo de infantes, no importa cuáles fueran las consideraciones teológicas en su favor, se volvió simbólico de una fe automática, impuesta, conformista, superficial, inauténtica… 4) También la comunidad visible, distinta de la sociedad en general, formaba parte de la visión común de los radicales… Para la mayoría básica de los radicales la comunidad restaurada no intentaba imponerse mediante otra fuerza que la de su testimonio… 5) Una comunidad pequeña, portadora de un mensaje ignorado por el mundo, tiende a percibir su deber misionero… Los Radicales, debido a su rechazo de la sociedad circundante, quedaron libres —social e intelectualmente— para un enfoque universal… (Yoder 2007:13–14).

Para cualquier atento observador de lo que Samuel Escobar ha denominado protestantismo popular (Escobar 1999:73), las iglesias pentecostales y otras iglesias evangélicas cuya composición social mayoritaria es el pueblo de a pie, la descripción que Yoder hace de las características comunes de las distintas vertientes de la Reforma Radical, calza muy bien con las notas características del protestantismo popular presente en América Latina y el Caribe de habla hispana. La conexión es clara y hasta podría afirmarse que el protestantismo popular tiene también todas las marcas de las iglesias no conformistas. Es decir, de las iglesias que hacen una clara separación entre Iglesia y Estado, las iglesias de asociación voluntaria dispuestas a asumir el costo del seguimiento en un contexto de violencia política y religiosa, las iglesias en las que los llamados laicos se movilizan para compartir y vivir su fe en la cotidianidad de la vida, en el día a día del peregrinaje humano.

¿Por qué la vasta mayoría de los pentecostales latinoamericanos y caribeños desconoce que sus ancestros espirituales se remontan hasta la Reforma Radical o al ala izquierda de la Reforma? ¿Se debe a una falta de memoria colectiva o a una suerte de amnesia histórica? ¿Es culpa de quienes escribieron la prehistoria o la historia del pentecostalismo en América Latina y el Caribe? ¿Se debe a la carencia de una perspectiva histórica más amplia, concentrada principalmente en el escenario religioso estadounidense de fines del siglo diecinueve, y desconectada de las otras vertientes que influyeron también en la construcción del rostro público de un sujeto colectivo que luego se conoció como pentecostalismo?

Si se trata de reconocer y afirmar la herencia reformada en las filas pentecostales, se tiene que subrayar que el protestantismo popular y, entre ellos, los pentecostales, han sido la vertiente de la comunidad evangélica Latinoamericana y del Caribe hispano que puso en práctica de manera visible, cotidiana y concreta el principio reformado del sacerdocio de todos los creyentes. Esto se nota especialmente en la movilización continua y comprometida de los laicos —varones y mujeres de todas las edades— como sujetos y agentes de la misión. Particularmente, para el sector wesleyano del pentecostalismo, nunca fue un problema aceptar, reconocer y practicar, el pleno ministerio pastoral, docente y misionero de la mujer en pie de igualdad con el ministerio de los varones, dentro y fuera de la comunidad cristiana.

Además, desde su surgimiento en el escenario religioso mundial, fue claro para los pentecostales que la comunidad de Jesús, como una comunidad alternativa a la sociedad circundante, tenía que romper con toda práctica contraria a las demandas del evangelio a la luz de la vida y experiencia de la iglesia primitiva. En otras palabras, tenía que afirmar su identidad como pueblo de Dios inmerso en el mundo, y precisar bien su estilo de vida que tenía que ser radicalmente distinto del estilo de vida de la sociedad circundante. La santidad personal y la santidad social estaban integradas y se expresaron en el plano personal, familiar, social y ciudadano. Esto explica por qué los primeros pentecostales formaron comunidades en las que desaparecían los patrones de marginación, exclusión y racismo que imperaban en las sociedades humanas de su tiempo.

Las otras marcas distintivas del pentecostalismo auroral fueron el regreso a la adoración sencilla de la primera comunidad cristiana, la piedad personal conectada con una preocupación por el prójimo indefenso, el bautismo como señal publica de seguimiento a Jesucristo y de incorporación a la comunidad de Jesús, la valoración de la vida humana como un don del Señor y la ruptura con los poderes fácticos que oprimen a los seres humanos. Particularmente, la conexión entre la espiritualidad anabautista del siglo xvi y el pentecostalismo del siglo xx, se precisa con estas palabras:

> Las manifestaciones de los dones del Espíritu Santo aparecieron en ambos movimientos durante los momentos de oración en casas, los grupos pequeños de estudios bíblicos en las escuelas o, para el caso de los anabautistas, en los conventos. Los primeros dones del Espíritu que se manifestaron en ambos movimientos fueron hablar en otras lenguas y la profecía… Ambos movimientos afirmaban que los creyentes estaban unidos en amor y que los dones del Espíritu eran para edificación de toda la comunidad… Ambos afirmaron también que la iglesia tenía que estar separada de toda institución política, del Estado, y del mundo en general. La manifestación de los dones del Espíritu, para ambos movimientos, indicaba que se estaba restaurando la iglesia apostólica del Nuevo Testamento (Byrd 2008:61).

Un asunto más, como sus ancestros espirituales de la Reforma Radical, la primera generación pentecostal fue pacifista y contraria a toda forma de violencia contra los seres humanos creados a la imagen de Dios.[46] La

---

46 La Iglesia de Dios (Cleveland) y la Iglesia de Dios de la Profecía, denominaciones del pentecostalismo histórico o clásico que reconocen a Ambrose Jessup Tomlimson como personaje central de su historia o fundador, no tienen que olvidar que él fue

objeción de conciencia y el llamado a la desobediencia civil, cuando las autoridades temporales exigían una lealtad que solo se le debe a Dios, fue también una marca distintiva del pentecostalismo auroral:

> La primera generación de pentecostales protestó proféticamente contra la violencia y el nacionalismo. Ellos combinaron la práctica de la interpretación bíblica con el análisis social y político. Ellos se centraron en Jesús y subrayaron los temas bíblicos de la justicia, la paz, el reino de Dios y el empoderamiento del Espíritu (Alexander 2007:15).

Los pentecostales, cuando recordemos el grito de libertad de toda forma de opresión social, política y religiosa que comenzó oficialmente el 31 de octubre de 1517 en Wittenberg (Alemania), dando comienzo a la Reforma Protestante del siglo XVI, si no queremos ser amnésicos o desmemoriados, no tenemos que olvidar que nuestra herencia espiritual está conectada con la propuesta de vida y misión que encarnaron los diversos grupos anabautistas o el ala radical de la Reforma. Para mantener viva la memoria, hoy y siempre, los pentecostales tenemos que conocer sobre qué piso teológico se afirma nuestra identidad e historia como sujeto religioso, y sobre qué vereda común se orienta nuestra misión colectiva como pueblo de Dios, cuerpo de Cristo y comunidad del Espíritu Santo. ¡A Dios sea la gloria!

¡Ecclesia reformata quia semper reformanda!
(¡Iglesia reformada que ha de seguir reformándose!)

---

primeramente cuáquero (Sociedad Religiosa de los Amigos o Amigos). Tomlinson, como cuáquero, tuvo que ser pacifista, opuesto a la violencia, y defensor de la justicia y de la vida sencilla. Información valiosa sobre su historia de vida y peregrinaje cristiano se puede encontrar en Robins 2004.

Bibliografía

Alexander, Paul

   2004   «Speaking in the Tongues of Nonviolence: American Pentecostals,
          Nationalism, and Pacifism», *Evangelical Review of Society & Politics 1.2*
          (2007): 1–19.

   2009   *Peace to War: Shifting Allegiances in the Assemblies of God*, Telford
          (Pennsylvania): Cascadia Publishing House.

Álvarez, Carmelo

   1992   «Lo popular: clave hermenéutica del movimiento pentecostal», en
          Pentecostalismo y liberación: una experiencia latinoamericana, Ed.
          Carmelo Álvarez, San José-Costa Rica: DEI. 89–100.

Anderson, Allan

   2004   *An Introduction to Pentecostalism*, Cambridge: Cambridge University
          Press.

Andrade, Susana

   2004   *Protestantismo indígena: procesos de conversión religiosa en la provincia
          de Chimborazo, Ecuador*, Quito: Abya Yala-FLACSO-IFEA.

Arens, Eduardo

   1995   *Asia Menor en tiempos de Pablo, Lucas y Juan: aspectos sociales y
          económicos para la comprensión del Nuevo Testamento*, Córdova:
          Ediciones El Almendro.

Arias, Mortimer

   1998   *Anunciando el reinado de Dios: evangelización integral desde la
          memoria de Jesús*. San José: Visión Mundial Internacional.

Ávila, Mariano

   2008   *Entre Dios y el César: líderes evangélicos y política en México*, 1992–2002.

Bautista, Esperanza

   1993   *La mujer en la iglesia primitiva*. Estella (Navarra): Editorial Verbo
          Divino.

Bediako, Gillian

   2007   «All believers are primalists underneath: Towards a new appreciation
          of Old Testament religion as primal religion», *Public Lecture at Calvin*

College, Meeter Center Lecture Hall, Grand Rapids. Muchigan, 25 July 2007. 1–12.

Byrd, Charles

2008   «Pentecostalism´s Anabaptist Heritage: The Zofingen Disputation», *The Journal of European Pentecostal Theological Association*, Volume XXVIII, Nro. 1 (2008), Carlisle: Paternoster Periodicals. 49–61.

Brueggemann, Walter

1986   *La imaginación profética.* Santander: Editorial Sal Terrae.

Campos Bernardo

1997   *De la Reforma Protestante a la pentecostalidad de la iglesia: debate sobre el pentecostalismo en América Latina*, Quito: Ediciones CLAI.

2002   *Experiencia del Espíritu: claves para una interpretación del pentecostalismo*, Quito: CLAI.

Canessa, Andrew

2004   «¿Hermanos bajo la piel?: evangélicos y kataristas en Bolivia», en Alison Spedding ed., *Gracias a Dios y a los achachilas: ensayos de sociología de la religión en los andes*, La Paz: ISEAT-Plural Editores. 219–257.

Caram, María José

1997   «Identidades creyentes en tiempos de cambio: católicos y adventistas aimaras del distrito de Pilcuyo, Puno», en *Allpanchis* Año XXIX Nro. 50 (Segundo semestre de 1997): 9–68.

CEPLAN

2011   *Plan Centenario: El Perú hacia el 2021.* Lima: Centro Nacional de Planeamiento Estratégico.

Córdova, Julio

1999   «Tres ideas equivocadas sobre el movimiento neopentecostal» en *Fe y prosperidad: reflexiones sobre la Teología de la Prosperidad*, Marcelo Vargas y Lourdes Cordero eds., La Paz: Editorial Lámpara, 109–134.

Costas, Orlando

1982   «La misión del pueblo de Dios en la ciudad», *Boletín Teológico* No. 7 (Julio-Setiembre de 1982): 86–95.

Cullmann, Oscar

1956   *The State in the New Testament*, New York: Charles Scribner´s Sons.

1980   *Jesús y los revolucionarios de su tiempo*, Barcelona: Herder.

Cussiánovich, Alejandro

2017   «Prólogo». En *La misión liberadora de Jesús: el mensaje del Evangelio de Lucas*. Lima: Ediciones Puma.

Dayton, Donald

1991   *Raíces teológicas del pentecostalismo.* Buenos Aires-Grand Rapids: Nueva Creación-William B. Eerdmans Publishing Company.

Ellul, Jacques

1972   *La ciudad*. Buenos Aires: Editorial La Aurora.

Escobar, Samuel

s/f   *Etapas del avance evangélico en el Perú: un breve panorama histórico*, mimeografiado, Lima.

1982a   «¿Qué significa ser evangélico hoy?», *Misión* mayo-junio 1982.

1982b   «Formación del pueblo de Dios en las grandes urbes». *Boletín Teológico* No. 7 (Julio-Setiembre de 1982): 37–83.

1999   *Tiempo de misión: América Latina y la misión cristiana hoy*, Santafé de Bogotá-Cd. De Guatemala: Ediciones CLARA-Semilla.

2008   *Cómo comprender la misión: de todos los pueblos a todos los pueblos*, Barcelona-Buenos Aires-La Paz-Lima: Ediciones Certeza Unida.

2012   *En busca de Cristo en América Latina*. Buenos Aires: Ediciones Kairós.

2013   *Imágenes de Cristo en el Perú: desde Guamán Poma hasta nuestros días*. Lima: Sociedad Bíblica Peruana A. C.

2017   «Prólogo». En *La misión liberadora de Jesús: el mensaje del Evangelio de Lucas*. Lima: Ediciones Puma. 8–9.

Escudero, Carlos

1978   *Devolver el evangelio a los pobres: a propósito de Lc 1–2*. Salamanca: Ediciones Sígueme.

Estrada, Wilfredo

2003   *¿Pastores o políticos con sotanas?: pastoral de la guardarraya en Vieques* San Juan: Editorial Guardarrayas-Fundación Puerto Rico Evangélico.

Ezeani, Chinyeaka

2008   «Formación intercultural. Algunos elementos esenciales». *Spiritus*, Edición Hispanoamericana, Formación Intercultural, Año 49/1, No. 190 (Marzo de 2008): 35–46.

Faupel, D. William

1996   *The Everlasting Gospel: The Significance of Eschatology in the Development of Pentecostal Thought*, Sheffield: Sheffield Academic Press.

Fediakova, Evguenia

2013   *Evangélicos, política y sociedad en Chile: dejando el «refugio de las masas» 1990–2010*, Concepción: Centro Evangélico de Estudios Pentecostales-Instituto de Estudios Avanzados Universidad Santiago de Chile.

Fonseca Juan

s/f   «El púlpito en la calle: Evangélicos, sociedad y política 1960–2011». Lima: s/f.

2002   *Misioneros y civilizadores: protestantismo y modernización en el Perú (1915.1930)*. Lima: Fondo Editorial de la Pontificia Universidad Católica del Perú.

Freston, Paul

2001   *Evangelicals and Politics in Asia, Africa and Latin America*, Cambridge: Cambridge University Press.

2008   *Evangelical Christianity and Democracy in Latin America*, Oxford: Oxford University Press.

FTL

1989   «En busca de la paz en la ciudad», *Boletín Teológico* No. 33 (Marzo de 1989): 137–143.

Garrard-Burnett, Virginia

2009   *El protestantismo en Guatemala: viviendo en la Nueva Jerusalén*, Guatemala: Piedra Santa Editorial.

Green, Michael

1979   *La evangelización en la iglesia primitiva: los evangelistas, las motivaciones, la estrategia y los métodos*, Buenos Aires: Ediciones Certeza.

Guamán, Julián,

2011   *Evangélicos en el Ecuador: tipologías y formas institucionales del protestantismo*, Quito: Abya Yala-Universidad Politécnica Salesiana.

Gutiérrez, Gustavo

1988   *Teología de la liberación: perspectivas*. Lima: Centro de Estudios y Publicaciones-CEP.

2004   *El Dios de la vida*. Lima: CEP.

Guzmán, Angelit

2006   «¿Vino nuevo en odres viejos?», en *La fuerza del Espíritu en la evangelización: Hechos de los Apóstoles en América Latina*. Ed. C. Rene Padilla, Buenos Aires: Ediciones Kairós. 65–97.

Hertig, Paul

1997   «The Galilee Theme in Matthew: Transforming Mission through Marginality». *Missiology: An International Review*, Vol. xxv, Nro. 2 (April): 155–163.

1998   «The Jubilee Mission of Jesus in the Gospel of Luke: Reversals of Fortunes». *Missiology: An International Review*, Vol. xxvi, Nro. 2 (April): 167–179.

Hollenweger, Walter

1999   «The blacks roots of pentecostalism». En *Pentecostals after a Century: Global Perspectives on a Movement in Transition* (JPTSup. 15). Eds. Allan Anderson and Walter Hollenweger. Sheffield: Sheffield Academic Press.

Huarcaya, Sergio Miguel

2003   *No os embriaguéis… borracheras, identidad y conversión evangélica en Cacha, Ecuador*, Quito: Universidad Andina Simón Bolivar-Abya Yala-Corporación Editora Nacional.

Joachim, Jeremías

1983   *Abba: el mensaje central del Nuevo Testamento*, Salamanca: Sígueme.

2000   *Jerusalén en tiempos de Jesús: estudio económico y social del mundo del Nuevo Testamento*, Madrid: Ediciones Cristiandad.

Ihrke-Buchroth, Uta

    2013   Religious mobility and social context whitin Neopentecostal Megachurches in Lima, Peru, PhD diss. Pontificia Universidad Católica del Perú.

Julcarima, Gerson

    2008   «Evangélicos y elecciones en el Perú». En *Políticas divinas: religión, diversidad y política en el Perú contemporáneo*, Eds Fernando Armas, Carlos Cotrina, Juan Fonseca, José Ragas. Lima: Pontificia Universidad Católica del Perú-Instituto Riva-Agüero. 387–410.

Kamsteeg, Frans

    1991   «Pastor y discípulo: El rol de líderes y laicos en el crecimiento de las iglesias pentecostales en Arequipa, Perú», en Barbara Boudewijnse, Andre Droogers, Frans Kamsteeg eds., *Algo más que opio: una lectura antropológica del pentecostalismo latinoamericano y caribeño*, San José: Editorial DEI. 95–113;

Kapsoli, Wilfredo

    1994   *Guerreros de la oración: las nuevas iglesias en el Perú*, Lima: Servicio Ecuménico de Pastoral y Estudios de la Comunicación (SEPEC).

Kessler Juan

    2010   *Historia de la evangelización en el Perú* (Lima: Ediciones Puma.

Land, Steven

    1997   *Pentecostal Spirituality: A Passion for the Kingdom* (JPTSup. 1). Sheffield: Sheffield Academic Press

Lalive d´Epinay Christian

    2009   *El refugio de las masas: estudio sociológico del protestantismo chileno*, Santiago de Chile: Instituto de Estudios Avanzados (IDEA)-Universidad de Santiago de Chile-Centro Evangélico de Estudios Pentecostales (CEEP).

López, Darío

    1998   *Los evangélicos y los derechos humanos: la experiencia social del Concilio Nacional Evangélico del Perú 1980–1992*, Lima: CEMAA.

    2000   *Pentecostalismo y transformación social*, Buenos Aires: Ediciones Kairos.

    2002   *El nuevo rostro del pentecostalismo*, Lima: Ediciones Puma.

    2004   *La seducción del poder: los evangélicos y la política en el Perú de los noventa*, Lima: Instituto de Ciencias Políticas, Investigación y Promoción del Desarrollo Nueva Humanidad.

    2017   *La misión liberadora de Jesús: el mensaje del Evangelio de Lucas*. Lima: Ediciones Puma.

Mackay, John

    1965   «Latin America and Revolution-II: The New Mood in the Churches», *The Christian Century* Vol. LXXXII No. 47 (24 de noviembre de 1965): 1439.

Marzal, Manuel

1989   *Los caminos religiosos* de los inmigrantes en la Gran Lima: El caso de El Agustino. Lima: Fondo Editorial de la Pontificia Universidad Católica del Perú.

Meeks, Wayne

2012   *Los primeros cristianos urbanos*. Salamanca: Ediciones Sígueme.

Míguez Bonino, José

1995   *Rostros del protestantismo latinoamericano*, Buenos Aires-Grand Rapids: Nueva Creación-William B. Eerdmans Publishing Company.

1999   *Poder del evangelio y poder político: la participación de los evangélicos en la política en América Latina*, Buenos Aires. Ediciones Kairos.

Miller Donald, Yamamori Tetsunao

2007   *Global Pentecostalism: The New Face of Christian Social Engagement*, Berkeley-Los Ángeles-London: University of California Press.

Muratorio Blanca

1992   *Etnicidad, evangelización y protesta en el Ecuador*, Quito: CIESE.

Nichol, Jhon Thomas

1966   *The Pentecostals*, Plainfield (New Jersey): Logos International.

Nolivos, Eloy

2011   Quichua Christianity: An Indigena History from the Cross and the Sword of Pentecost, PhD diss., Regent University.

Olson, Samuel

2004   «La experiencia de la Iglesia Evangélica de las Acacias», en *Sembremos iglesias saludables: un acercamiento bíblico y práctico al estudio de la plantación de iglesias*, Ed. Juan Wagenveld. Miami: Editorial UNILIT-FLET. 429–439.

Osiek Carolyn, MacDonald Margaret, Tulloch Janet

2007   *El lugar de la mujer en la iglesia primitiva: iglesias domésticas en los albores del cristianismo*. Salamanca: Ediciones Sígueme.

Osterlund Markus

2001   *Politics in the Midst of Terror: Religious beliefs and political action in the Peruvian Andes*, Helsinki: The Finnish Society of Sciences and Letters.

Padilla, René (Compilador)

1991   *De la marginación al compromiso: los evangélicos y la política en América Latina*, Buenos Aires: Fraternidad Teológica Latinoamericana.

2003   *La iglesia local como agente de transformación: una eclesiología para la misión integral*. Buenos Aires: Ediciones Kairós.

2012   *Misión integral: ensayos sobre el Reino de Dios y la iglesia*. Buenos Aires: Ediciones Kairós.

Padilla, Washington

1989   *La iglesia y los dioses modernos: historia del protestantismo en el Ecuador*, Quito: Corporación Editora Nacional.

Paz y Esperanza

2014   *Dentro de las cuatro paredes: evangélicos y violencia doméstica en el Perú*, Lima: Paz y Esperanza.

Pérez Guadalupe, Luis

2017   *Entre Dios y el César: el impacto político de los evangélicos en el Perú y en América Latina*. Lima: Instituto de Estudios Social Cristianos-Konrad Adenauer Stiftung.

Pérez, Rolando

2016   «Las apropiaciones religiosas de lo público: El caso de los evangélicos en el Perú». En *Diversidad religiosa en el Perú: miradas múltiples*, Catalina Romero Ed. Lima: Fondo Editorial de la Pontificia Universidad Católica del Perú-Instituto Bartolomé de las Casas-Centro de Estudios y Publicaciones. 195–217.

Pikaza, Xabier

1985   *Anunciar libertad a los cautivos: Palabra de Dios y catequesis.* Salamanca: Ediciones Sígueme.

Restan Ubaldo, Bedoya Miguel

2015   *75 años de historia y misión*, Colombia: AIEC.

Riviere, Gilles,

2004   «Bolivia: el pentecostalismo en la sociedad aymara del Altiplano», en Spedding Alison ed., *Gracias a Dios y a los achachilas: ensayos de sociología de la religión en los andes*, La Paz: ISEAT-Plural Editores. 259–294.

Robeck, Cecil

2006   *The Azuza Street Mission & Revival: The Birth of the Global Pentecostal Movement*, Nashville: Thomas Nelson Inc.

Robins, R. G.

2004   *A. J. Tomlinson: Plainfolk Modernist*, Oxford-New York: Oxford University Press.

Rooy, Sidney

1988   «Educación teológica para la misión urbana», *Boletín Teológico* No. 32 (Diciembre de 1988): 263–295.

Saa, Laura

2009   «Hacia una hermenéutica pentecostal sobre el tema de la salvación», en Daniel Chiquete y Luis Orellana eds., *Voces del pentecostalismo latinoamericano II: identidad, teología, historia*, Concepción: Red Latinoamericana de Estudios Pentecostales.139–159;

2011   «Identidad pentecostal en el Ecuador: Reflexiones en la primera década del siglo XXI», en Daniel Chiquete y Luis Orellana eds., *Voces del pentecostalismo latinoamericano IV: identidad, teología, historia*, Concepción: Red Latinoamericana de Estudios Pentecostales. 493–510.

Sanneh, Lamin

2003   *Whose Religion is Christianity: The Gospel beyond the West*, Grand Rapids-Cambridge: William B. Eerdmans Publishing Company.

Saracco, Norberto
  1982   «Las opciones liberadoras de Jesús». *Misión* Nro. 3 (Octubre-Diciembre): 8–12.

Schottroff Luise y Stegemann Wolfgang
  1981   *Jesús de Nazaret, esperanza de los pobres.* Salamanca: Ediciones Sígueme.

Segalla, Giuseppe
  1989   *Panoramas del Nuevo Testamento,* Estella (Navarra): Verbo Divino.

Senior, Donald
  1985   «Los fundamentos de la misión en el Nuevo Testamento». En *Biblia y misión: fundamentos bíblicos de la misión.* Senior Donald, Carroll Stuhlmueller. ESTELLA: Editorial Verbo Divino. 188–422.

Sepúlveda, Juan
  1992   «El crecimiento del movimiento pentecostal en América Latina», en *Pentecostalismo y liberación: una experiencia latinoamericana,* Ed. Carmelo Álvarez, San José-Costa Rica: DEI. 77–88.

Soto, David
  2007   *Inicios históricos de las Asambleas de Dios del Perú 1919–1928,* Tesis de Licenciatura, Universidad Bíblica Latinoamericana.

Stegemann E.W., Stegemann W.
  2001   *Historia social del cristianismo primitivo: los inicios en el judaísmo y las comunidades cristianas en el mundo mediterráneo,* Estella (Navarra): Verbo Divino.

Tamayo, Juan José
  2004   *Fundamentalismos y diálogo entre religiones,* Madrid: Editorial Trotta.

Tancara Juan
  2005   *Teología pentecostal: propuesta desde comunidades pentecostales de la ciudad de El Alto,* La Paz: ISEAT.
  2011   «¿Forjando un paraíso?: Las posibilidades del neopentecostalismo (apuntes)», en *Fe y pueblo, nada es imposible para Dios: una ventana a la fe neopentecostal, Segunda Época,* No. 18 (marzo 2011): 60–70.

Taylor, Justin
  2003   «Hechos de los Apóstoles», en *Comentario bíblico internacional: comentario católico y ecuménico para el siglo XXI,* Eds. William Farmer, Armando Levoratti, Sean McEvenue, David Dungan, Estella (Navarra): Editorial Verbo Divino. 1373–1408.

Theisssen, Gerd
  1976   *Sociología del movimiento de Jesús: el nacimiento del cristianismo primitivo.* Santander: Editorial Sal Terrae.
  2002   *La religión de los primeros cristianos: una teoría del cristianismo primitivo,* Salamanca: Ediciones Sígueme.
  2005   *El movimiento de Jesús: historia social de una revolución de valores.* Salamanca: Ediciones Sígueme.

Thomas, John Christopher

2002   *The Devil, Disease and Deliverance: Origins of Illness in New Testament Though*. Sheffield: Sheffield Academic Press.

Torres, Pedro

1995   *Sanidad en Isaías: un enfoque en los cánticos del siervo*. Lima: Gráfica Maranatha S. R. Ltda.

Vargas, Marcelo

2010   *The Aimara Identity of Neopentecostals in Urban La Paz, Bolivia with Reference to the Power of God Church*, PhD diss. Oxford Centre for Mission Studies.

Vidal, Senén

2006   *Jesús el Galileo*. Santander: Editorial Sal Terrae.

Villafañe, Eldin

1996   *El Espíritu liberador: hacia una ética pentecostal latinoamericana*. Buenos Aires-Grand Rapids: Nueva Creación-William B. Eerdmans Publishing Company.

Wightman, Jill Marie

2008   *New Bolivians, New Bolivia: Pentecostal Conversion and Neoliberal Transformation in Contemporary Bolivia*, PhD diss., University of Illinois.

Wright, Christopher

1989   *La misión de Dios: descubriendo el mensaje de la Biblia*. Buenos Aires-Barcelona-La Paz-Lima: Certeza Unida.

Wynarczyk, Hilario

2009   *Ciudadanos de dos mundos: el movimiento evangélico en la vida pública argentina 1980–2001*, Provincia de Buenos Aires: Universidad Nacional General San Martín.

Yoder, John

1985   *Jesús y la realidad política*. Buenos Aires-Downers Grove: Ediciones Certeza.

2007   *Textos escogidos de la Reforma Radical*, Buenos Aires: FAIE-La Aurora.

Yong, Amos

2010   *In the Days of Caesar. Pentecostalism and Political Theology*, Grand Rapids-Cambridge: Williams B. Eerdmans Publishing Company.

Zavala, Rubén

1989   *Historia de las Asambleas de Dios del Perú*, Lima: Ediciones Dios es Amor.

Otras publicaciones de Ediciones Puma

La misión liberadora de Jesús
El mensaje del evangelio de Lucas
Darío López Rodríguez
Ediciones Puma
ISBN: 978-612-4252-20-4
Tapa rústica, 15.2 x 22.8 cm
218 páginas

Pentecostalismo y misión integral
Teología de Espíritu, teología de la vida
Darío López Rodríguez
Ediciones Puma
ISBN: 978-9972-701-48-1
Tapa rústica, 13,5 x 21 cm
134 páginas